COMMENT J'AI RETROUVÉ
XAVIER DUPONT DE LIGONNÈS

Romain Puértolas est né à Montpellier en 1975. Après avoir été compositeur, professeur de langues, traducteur-interprète et capitaine de police, il se consacre à l'écriture. Son premier roman, *L'extraordinaire voyage du fakir qui était resté coincé dans une armoire Ikea* (2013), a été pendant plusieurs semaines le livre le plus vendu en France et a été publié dans une cinquantaine de pays. Il a également remporté le Grand Prix Jules-Verne et le prix Audiolib en 2014 et été adapté au cinéma en 2018. Romain Puértolas a écrit une dizaine de romans dont *La Police des fleurs, des arbres et des forêts*, *Sous le parapluie d'Adélaïde* et *Les Ravissantes*.

ROMAIN PUÉRTOLAS

Comment j'ai retrouvé
Xavier Dupont de Ligonnès

ROMAN

ALBIN MICHEL

Citations :
P. 9, Stephen King, *The Gunslinger*, Grant, 1982.
P. 9, 61, 63, 129, 177, Harlan Coben, *Disparu à jamais*,
trad. Roxane Azimi, Belfond, 2003 ; Pocket, 2004.
P. 185, 186, 257, Bernard Minier, *Glacé*, XO, 2011 ; Pocket, 2012.
P. 210-211, Lettre d'André Breton à Jacques Doucet,
extraite de Enrique Vila-Matas, *El mal de Montano*, Anagrama, 2002,
trad. par Romain Puértolas dans le texte.

À mon ami et collègue de PJ, Sébastien Bosca,
car ce roman est né dans ta cuisine
entre deux Ricard et des rillettes.

« Outre le fait que je n'étais ni détective ni à la hauteur de la tâche, si Ken avait envie qu'on le retrouve, il se manifesterait. Se mettre à sa recherche mènerait droit à la catastrophe. »

Harlan COBEN, *Disparu à jamais*

« *He still had the guns – his father's guns – and surely they were more important than horns… or even friends.* »

Stephen KING, *The Gunslinger*

« Celui qui s'évade
ne se croit jamais assez caché. »

Victor HUGO, *Les Misérables*

NOTE DE L'AUTEUR

Un samedi matin d'août 2019, en me rendant dans le jardin de ma villa espagnole, je tombai sur un homme en peignoir blanc assis à la table de la terrasse de mon voisin, de l'autre côté du muret. Il buvait un café et lisait le journal en jetant, de temps en temps, un regard sur la mer qui s'étendait en face. Je ne l'aperçus qu'un instant, mais ce fut assez pour lui trouver une certaine ressemblance avec Xavier Dupont de Ligonnès. Je savais qu'Emilio louait parfois sa maison sur Airbnb et je lui demandai, quelques jours plus tard, qui était cet homme à qui il avait laissé sa villa le temps d'un week-end. « Un Français, comme toi », me répondit-il de manière évasive. À ma demande, il chercha dans son dossier et trouva les coordonnées du type. L'homme s'était enregistré sous le nom de Pierre Ligon. Il s'en souvenait maintenant. Cela l'avait fait rire sur le coup, parce que *ligón* signifie « dragueur » en espagnol. Nous jouâmes un moment les détectives mais les pistes ne menèrent nulle part et nous ne découvrîmes jamais le fin mot de l'histoire. C'est cet étrange et fascinant incident domestique qui provoqua en moi l'étincelle de ce roman.

Affaire Romain Puértolas
(Cour d'assises de Toulouse)

— Monsieur Puértolas, reconnaissez-vous ce couteau à beurre ? demande l'avocat général en brandissant un sachet transparent contenant l'objet mentionné.

— Oui, je réponds mollement, car il n'y a rien qui ressemble plus à un couteau à beurre qu'un autre couteau à beurre. On dirait bien le mien.

— C'est le vôtre, assène le magistrat. Il a été saisi par la police judiciaire de Toulouse dans votre maison le jour du drame. Pourriez-vous expliquer à l'assistance ce que vous avez fait avec ?

— Pendant plusieurs années, tartiner des biscottes en toute impunité…

Des rires éclatent un peu partout dans la salle, rapidement interrompus par les coups de marteau du président.

— Nous sommes dans un tribunal, lance l'avocat général en me fusillant du regard, pas dans l'un de vos romans, soyez sérieux, je vous prie, l'affaire est grave. Je précise ma question : quel usage avez-vous fait de ce couteau à beurre le 26 mai 2023 très précisément ?

— Je l'ai utilisé contre quelqu'un.

— Contre qui ?

— Un homme.

— Connaissiez-vous cet homme ?

— Comme tout le monde.

— Pourriez-vous nous donner son nom ?

— Xavier Dupont de Ligonnès.

— Est-ce exact de dire que vous avez tué M. Dupont de Ligonnès à l'aide de ce couteau à beurre, monsieur Puértolas ?

— Je n'ai fait que me défendre !

— Je ne vous demande pas les raisons de votre acte mais son seul et unique résultat. Contentez-vous de répondre à ma question : avez-vous tué M. Dupont de Ligonnès à l'aide du couteau à beurre qui se trouve dans ce scellé judiciaire ?

— Oui, mais…

— Vous avez entendu, dit le magistrat en direction des jurés. Merci, monsieur Puértolas, ce sera tout pour l'instant.

Romain Puértolas
(L'enquête)

Comme des millions de Français, je n'avais jamais vu Xavier Dupont de Ligonnès qu'en photo. La dernière diffusée de lui avait été prise le jeudi 14 avril 2011 à 17 h 15 par la caméra de surveillance d'un distributeur automatique – que j'avais identifié, dès le début de mon enquête en 2011, à partir de la comparaison entre le cliché et le mode Street View de Google Maps, et notamment grâce aux signalétiques jaunes sur le sol et le passage piéton, comme étant celui de la Caisse d'Épargne sise au 12, avenue Gabriel-Péri, à Roquebrune-sur-Argens, aujourd'hui transformée en salon de coiffure mixte. Il reste cependant sur le sol carrelé la marque du chewing-gum noir qui apparaît sur le cliché de Ligonnès. On apercevait l'homme vu d'en haut et de côté habillé d'un pantalon clair, d'un pull-over noir ou vert olive aux manches retroussées, la main droite pianotant le clavier de la machine, la gauche tenant un portefeuille. Rasé de près, lunettes, cheveux bruns coupés court sur les côtés, un peu moins sur le dessus, il semblait attendre que son argent veuille bien sortir. Trente euros, selon les relevés qu'analyserait plus tard la police judiciaire. Forcément en billets de vingt ou de dix, donc.

Le cliché immortalisait un millième de seconde de la fuite de Ligonnès et ne permettait pas de dire si celui-ci avait retiré son argent en hâte ou avait, au contraire, pris son temps, s'il était nerveux ou calme, s'il savait déjà dans quelle direction il partirait une fois sa petite monnaie en poche, ou s'il se laisserait guider par l'impulsion – il dormirait cette nuit-là dans une chambre à trente-sept euros, payée par carte au Formule 1 du coin, avant de s'évanouir à tout jamais. Pourquoi trente euros ? Pourquoi pas cinquante ? Ou mille, cinq mille, d'un coup, puisqu'il savait pertinemment qu'on le suivrait à la trace, où qu'il aille, dès qu'il aurait le malheur de retirer à nouveau de l'argent et qu'il ne pourrait donc plus jamais utiliser un distributeur ? Voilà ce que tout le monde s'était demandé. Mais il ne fallait pas commettre l'erreur de juger *a posteriori*. Au moment de ce cliché, Ligonnès n'était pas encore recherché par la police et pensait très certainement qu'on ne retrouverait jamais les corps de sa famille enterrés sous la terrasse du jardin, il avait du moins pris toutes ses précautions pour qu'il en soit ainsi, nous y reviendrons, et il croyait que son joli petit scénario de film américain, à savoir une exfiltration soudaine de toute sa famille par la Drug Enforcement Administration – rien que ça –, avait fonctionné.

Comment comptait-il donc dépenser cette infime somme ? En remplissant le réservoir de la voiture ? Nostalgie du temps où avec trente euros d'essence, on pouvait encore faire le tour du monde… Un sandwich et un café en guise de dîner ? Peut-être un dessert ? Une île flottante à 7,90 euros à La Grignoterie du coin ? On ne va pas bien loin avec un billet de vingt et un billet de dix. Du moins le commun des mortels. Car nous sommes en 2024 et force est de constater que Xavier Dupont de Ligonnès a tout de même réussi à tenir treize ans avec trente euros !

L'immobilité propre à la photo donnait, peut-être faussement, une idée de sérénité qui détonnait avec les faits qu'on lui imputait, à savoir l'assassinat « méthodique » (le mot était du procureur de la République de Nantes) de son épouse et de leurs quatre enfants, drogués puis exécutés de deux balles de fusil dans la tête à bout portant pendant leur sommeil. L'achat, quelques jours plus tôt, du silencieux, puis de vingt kilos de ciment, de pelles, de chaux vive dans différents magasins de bricolage de la région nantaise ainsi que, au Weldom de Saint-Maur, dans l'Indre, de sacs-poubelle de grande taille, dans lesquels la police découvrirait plus tard les dépouilles de toute la famille et des deux chiens dissimulées par une chape de ciment sous la terrasse, caractérisait la préméditation et ne laissait guère de place au doute sur ce qui était arrivé à Agnès, Arthur, Thomas, Anne et Benoît ni sur l'auteur du crime. La présomption d'innocence nous obligeait cependant à jouer les demeurés et à considérer toutes les éventualités, même celle d'un maçon espagnol diabolique qui aurait fumé sa Gauloise maïs sur le boulevard Robert-Schuman la nuit du 3 avril 2011 et aurait soudain été pris d'une irrépressible envie de massacrer et de faire disparaître une famille entière d'inconnus tout en réformant la terrasse de leur jardin au passage. Je penchais plutôt pour cette théorie, je connaissais bien les maçons espagnols, ils étaient prêts à tout pour refaire une terrasse.

Sur d'autres clichés largement médiatisés, sans doute dans le but que tout un chacun puisse participer à cette exaltante chasse à l'homme, on apercevait ce grand type mince avec des lunettes, rasé de près, toujours souriant, et je m'étais demandé, comme quelques millions de Français ayant lu les mêmes journaux, vu les mêmes photos à la télévision, si j'aurais été capable de le reconnaître en pleine rue ou à la boulangerie du coin, dans cet immense *Où est Charlie ?* grandeur nature. La référence n'est pas un hasard : Ligonnès ressemble étrangement à Charlie, le bonnet et le pull rayé rouge et blanc en moins.

L'homme avait dû se tondre les cheveux depuis, se laisser pousser la barbe, il ne devait jamais sortir sans lunettes de soleil, sans une casquette, sans un quelconque accessoire postiche, c'est du moins ce qu'il me paraissait logique d'attendre d'une personne en fuite. En temps normal, comme l'attestaient les photos que l'on pouvait encore trouver sur Internet, Ligonnès était très enclin à changer de look. « C'était son truc », avait même déclaré à la presse le gérant du bar de Nantes où l'assassin présumé avait l'habitude d'aller boire un verre tous les samedis matin et qui le voyait un coup les cheveux longs, un coup la boule à zéro, un coup avec la barbe, le bouc ou encore rasé de près. Ligonnès me rappelait ce Big Jim avec lequel je jouais étant enfant, le bien nommé Agent Secret 004, un homme en imperméable et gros pull à col roulé rouge fourni avec un pistolet à silencieux et une mallette contenant… quatre visages différents.

D'aucuns prétendaient que Dupont de Ligonnès s'était soumis à la chirurgie esthétique. Il y avait bien quelques rares exemples de fugitifs américains en cavale y ayant eu recours, mais je trouvais tout de même cela plus romanesque que vraisemblable. C'était mon avis de policier. Mon avis d'écrivain, lui, nourri au petit-lait d'Arsène Lupin et de Monte-Cristo dès le plus jeune âge, pensait que c'était une idée formidable. Mais avec quel argent l'aurait-il payée, cette belle intervention ? Avec les trente euros du distributeur automatique ? Mon dentiste prenait plus pour un simple détartrage… À moins qu'une âme charitable et pas trop regardante ait voulu lui refaire le portrait gracieusement. Pourquoi pas ? Mais je n'y croyais pas trop. Interrogé à ce sujet, un certain Michael Calvi, à qui je trouvais un faux air de Houellebecq, ami du père de Xavier Dupont de Ligonnès alors qu'il avait plutôt l'âge d'être celui du fils, avait affirmé : « Il pourra faire toute la chirurgie esthétique qu'il voudra, il a un front très particulier.

Je le reconnaîtrai. » Coup de tonnerre. Cela sonnait comme une menace. Je m'étais alors rué sur les photos disponibles 24 h/24 sur Internet. Effectivement, un cliché du fugitif, de profil devant une porte verte, les cheveux rasés, la barbe naissante et des lunettes sans monture sur le nez, montrait une proéminence des arcades sourcilières. Je demeurai un instant interdit. J'avais exactement le même signe particulier. Et ce n'était malheureusement pas le seul point commun que je partageais avec l'assassin. Supposé.

D'autres photos prises de face laissaient voir des rides de front avec cette forme assez caractéristique de deux parenthèses horizontales collées l'une à l'autre. J'avais remarqué un troisième signe particulier sur une célèbre photo où il étreignait sa fille Anne : l'importante pilosité de ses bras, dont personne n'avait parlé et qui me paraissait pourtant notable et très utile pour l'identifier. On se focalise toujours trop sur les visages alors que le reste du corps recèle des indices tout aussi importants.

À force de questions, j'en vins tout naturellement à penser que, bien qu'étant très physionomiste, il me serait impossible de reconnaître un homme que je n'avais jamais rencontré en chair et en os, un homme que je n'avais jamais vu bouger, ni entendu parler, un homme avec qui je n'étais jamais sorti en boîte ou au restaurant, bref que je n'avais jamais fréquenté.

Je me trompais.

La première fois que je vis Xavier Dupont de Ligonnès, je n'eus aucun doute, je puis vous l'assurer.

Il était vêtu d'un simple peignoir blanc et il se trouvait de l'autre côté de mon muret, dans la maison voisine où je n'avais jamais vu personne. Il était assis à la table de la terrasse, lisait un journal en buvant son café. Il y avait dans son attitude plus du retraité que du fugitif. À tel point que, pendant quelques secondes, je crus que ma débordante imagination me jouait encore des tours. Mais je dus rapidement me rendre à l'évidence, j'avais désormais pour voisin l'homme le plus recherché de France. Comment auriez-vous réagi à ma place ?

Affaire Romain Puértolas
(Cour d'assises de Toulouse)

— Mesdames et messieurs les jurés, lance le magistrat qui, quelques secondes auparavant, brandissait le sachet à scellés, si vous êtes réunis ce matin au tribunal de Toulouse, c'est pour répondre à une seule question. Une simple question, mais qui a son importance. M. Puértolas, ici présent, a-t-il tué M. Dupont de Ligonnès pour protéger sa propre personne ? Maître Fortin, votre client plaide la légitime défense. Quatre-vingt-quatorze ! Voilà le nombre de coups de couteau à beurre que le médecin légiste a comptabilisés sur le visage de M. Dupont de Ligonnès. (Il se tourne à nouveau vers les jurés.) Quatre-vingt-quatorze ! Elle a bon dos, la légitime défense !

Il en rappelle brièvement les caractéristiques juridiques, cite l'article 122-5 du Code pénal. Elle doit être immédiate, nécessaire et proportionnelle. Il passe sur les deux premières, s'attarde sur cette dernière.

— Or, il est ressorti de l'enquête que M. de Ligonnès n'était pas armé. En quoi quatre-vingt-quatorze coups de couteau à beurre sont-ils proportionnels à… rien ?

Ce n'est pas une question mais une affirmation déguisée en question. L'avocat général est très fort à ce petit jeu-là. Aussi, la réponse de mon avocat ne se fait pas attendre :

— M. Dupont de Ligonnès a sauté sur mon client. Il n'était peut-être pas armé mais il était tout de même recherché pour l'assassinat de cinq membres de sa famille. C'était un individu particulièrement dangereux. (Il prend sur sa table une feuille au format A4 et continue.) Voici l'impression d'une publication sur le mur Facebook de la police nationale du 12 mai 2011, où M. Dupont de Ligonnès est décrit comme étant un « individu dangereux et pouvant être armé ». Ce n'est pas moi qui le dis, c'est la police ! Lorsque M. de Ligonnès s'est jeté sur lui, mon client n'a pensé qu'aux cinq membres de sa famille qu'il avait déjà tués.

— *Supposément* tués ! s'écrie l'avocat général.

— Je peux vous dire que votre « supposément », sur le moment, n'a pas beaucoup pesé dans la balance de M. Puértolas. Il a cru qu'il serait le prochain. À juste titre. Il n'est pas farfelu de penser que M. de Ligonnès, ayant été reconnu, n'avait pour seule échappatoire que de tuer mon client. Regardez M. Puértolas, regardez l'état dans lequel M. de Ligonnès l'a laissé !

Mon avocat montre mon visage et mes mains bandés. Je viens de subir une greffe de peau et je ressemble à une momie de dessin animé. Je le sais, je me suis vu dans le rétroviseur du fourgon de gendarmerie qui m'a conduit ici. Et tous ces regards soudainement rivés sur moi, me scrutant, m'étudiant comme si j'étais une bête curieuse, me font honte. Je rougis certainement sous mes bandages, mais personne ne le remarque.

— Pendant l'altercation, M. de Ligonnès a plongé la tête de mon client dans la friteuse ! lance mon avocat. (Je lui en suis particulièrement reconnaissant car tout à coup, les regards se détournent de moi.) Celui-ci a d'abord mis les mains pour se protéger le visage mais, sous la contrainte, il a fini avec la tête dans l'huile bouillante. Dans un dernier élan de survie, M. Puértolas a alors pris le couteau à beurre qui se trouvait sur le plan de travail et a cherché à tuer son agresseur afin que tout cela cesse. Nous en aurions tous fait autant. Enfin, j'imagine : on ne m'a jamais mis la tête dans une friteuse. Quatre-vingt-quatorze coups de couteau contre de l'huile bouillante, c'est tout de même déjà plus proportionné que ce que vous voulez bien nous faire croire, monsieur l'avocat général !

Le président du tribunal et certains jurés hochent la tête d'un air convaincu pendant que mon avocat s'assoit, visiblement satisfait. Mon cœur bat la chamade. Nous avançons à petits pas.

Romain Puértolas
(La Bastide-de-Bousignac)

J'avais l'impression que toute cette affaire était derrière moi, loin, très loin même. Je peux même vous donner un chiffre, à la virgule près. 677,5. C'était le nombre de kilomètres qui me séparaient de Nantes, théâtre de ce quintuple homicide et cité ô combien charmante, qui jusqu'à ce drame n'avait évoqué qu'une seule chose en moi : la ville de naissance de Jules Verne, dont j'étais depuis ma plus tendre enfance un grand admirateur. Par la suite, j'y avais reçu le grand prix Jules-Verne en 2014 et rencontré à cette occasion l'éminent spécialiste Jean-Yves Paumier, qui était devenu un ami. J'y étais retourné à plusieurs reprises, à la librairie Coiffard, au musée Jules-Verne, aux Machines de l'île. Nantes restait pour moi la ville de la fantaisie et de l'imagination. Un véritable rêve. Mais en 2011, elle avait montré son côté obscur. Nantes pouvait aussi être synonyme de cauchemar.

677,5 kilomètres donc, puisque j'habitais à La Bastide-de-Bousignac (« Bastide-de-Bousignac,

Bastide-de-Bousignac, deux minutes d'arrêt »), un joli petit village du département de l'Ariège, haut lieu cathare, comptant trois cent cinquante habitants (les Bousignacois, qui se reproduisaient avec les Bousignacoises pour engendrer de beaux petits Bousignacois), et qui repose au bord du Countirou, ruisseau anciennement dédié à l'alimentation des tanneries, du foulon, du moulin, eau étroite, ombre verte miroitante. C'était là, route de Cayra, que je m'étais retiré loin des projecteurs.

Quelques années auparavant, j'avais connu un beau succès avec *L'extraordinaire voyage du fakir qui était resté coincé dans une armoire Ikea*. On parle souvent du rêve américain, mais le rêve français existe bel et bien et n'a rien à lui envier. Des traductions dans le monde entier, le cinéma, l'amour. J'avais trente-sept ans, je venais d'avoir, deux semaines avant la publication, une petite fille que ma femme et moi appelions Fakira pour plaisanter, tout allait pour le mieux dans le meilleur des mondes. Nous n'avions pas bâti des châteaux en Espagne mais une maison, sobrement baptisée Villa Fakir en hommage à celui qui était responsable de ce conte de fées. Nous y avions vécu des années de bonheur avec nos deux enfants, puis était venue la séparation.

Patricia m'avait quitté pour un autre écrivain au nom à consonance grecque dont elle préférait les romans aux miens et chez lequel elle aimait, accessoirement, les lunettes, le bouc, les jolies boucles poivre et sel et la délicatesse… Pour les livres, j'aurais pu lutter, rivaliser d'humour avec mon adversaire, multiplier les joutes verbales, rehausser la qualité littéraire de mon œuvre afin d'être à son niveau et ainsi reconquérir ma dulcinée. En ce qui concerne les boucles, ç'aurait été perdre mon temps. Je sombrai dans la dépression après plusieurs tentatives de permanente infructueuses, ayant dépensé sans compter sur Amazon des fortunes en boucleurs à cheveux et autres fers à gaufrer. Bon perdant, je laissai donc ma femme partir vers une meilleure vie tout en me consolant à l'idée qu'elle ne m'avait pas tué de deux balles dans la tête avant de m'enterrer sous notre terrasse Leroy Merlin, c'était déjà ça.

Pour résumer, nous vendîmes la Villa Fakir, je m'éloignai du monde littéraire et, afin de parfaire ce personnage d'ermite blasé dans lequel je commençais à me complaire, j'achetai ma nouvelle demeure de Bousignac.

Je l'avais découverte au cours d'une excursion bucolique, après une rencontre dans un Cultura de Carcassonne. Pour y arriver, il fallait traverser un pont romain à la sortie du village et parcourir deux kilomètres sur une minuscule route de terre qui longeait une rivière d'eau vive. On empruntait ensuite un autre chemin, encore moins praticable. Pourquoi avais-je pris celui-ci au lieu de continuer sur l'autre reste un mystère. Au bout d'une descente en étages du terrain, on apercevait la maison – deux, en réalité. J'apprendrais plus tard qu'une voie traversant la forêt permettait d'y accéder par-derrière en voiture.

Lorsque je l'avais vue la première fois, la bâtisse était dans un état d'abandon avancé. Elle n'avait plus de toit et avait presque été entièrement dévorée par la végétation. Une forêt entre quatre murs en quelque sorte. En la voyant, j'avais tout de suite songé à ces quelques vers de Cécile Coulon : « Dans ce poème, il y a des traces de maisons habitées puis quittées, de rivières côtoyées puis séchées, de lieux aux fenêtres géantes. »

Il me fallut pas mal d'imagination pour visualiser ma future demeure, mais je n'en ai jamais manqué. Je n'avais en revanche aucune idée de l'ampleur des travaux pour la remettre en état. Comme d'habitude, je fonçai.

Une rapide enquête effectuée auprès des autorités du village ariégeois en question me mena jusqu'à la propriétaire, Ginette S., une dame de quatre-vingt-cinq ans sans héritiers qui fut bien étonnée de ma demande lorsque, quelques semaines plus tard, je la lui exposai sur le seuil de sa porte. Elle m'invita à entrer car elle supportait difficilement la station debout et qu'elle était assez intriguée. Nous nous assîmes quelques instants plus tard devant une anisette. La conversation dura une petite heure, au bout de laquelle mon interlocutrice me proposa un prix raisonnable, que j'acceptai aussitôt.

Deux mois plus tard, je me retroussais les manches et me lançais dans les travaux. Malgré mon enthousiasme, le labeur fut plus ardu que prévu. Les tutoriels trouvés sur YouTube me permirent de comprendre et d'appliquer les principes d'architecture, d'électricité, de menuiserie ou de découpe de la pierre nécessaires à chacune des activités que je dus affronter chaque jour. En gros, je passais mon temps à résoudre des problèmes. Je me prenais pour Thoreau dans *Walden*, gérant mes stocks de bois et de graines à semer. « Tu ne sais pas quoi faire de tes dix doigts », me rabâchait mon père lorsque, enfant, je m'ennuyais ferme dans la maison de ma grand-mère de Bergerac. Pour le coup, cette fois-ci, il aurait été fier de moi.

Mais revenons à ce mois de mai 2023.

Depuis que j'habitais dans cette maison, je n'avais jamais vu personne dans celle d'à côté. Voilà qu'il y avait quelqu'un. Et que ce quelqu'un n'était autre que Xavier Dupont de Ligonnès !

D'abord, je reculai d'un pas afin que, s'il ne m'avait pas encore vu, il ne m'aperçoive pas en train de l'espionner. Mais, ô soulagement, il continuait de boire son café à petites gorgées et de lire son journal. Voilà donc comment le fugitif avait tenu treize ans avec trente euros, pensai-je : à coups de cafés et de *Midi Libre*…

Affaire Romain Puértolas
(Cour d'assises de Toulouse)

— Je ne puis m'ôter de la tête ces quatre-vingt-quatorze coups de couteau. J'appelle cela de l'acharnement, pas de la légitime défense…

— Vous avez déjà essayé de tuer quelqu'un avec un couteau à beurre ? dis-je, agacé, avant que mon avocat ne me fasse signe, de loin, de me taire.

Je m'exécute et me rassois sur le banc entre les deux gendarmes silencieux et immobiles qui, tels les colosses de Memnon à Louxor, m'escortent dans le box des accusés.

— Nous ne sommes pas ici dans le but de remettre une médaille à M. Puértolas pour avoir retrouvé M. Dupont de Ligonnès, reprend l'avocat général, mais pour juger un homme qui en a tué un autre et déclare avoir agi en état de légitime défense. Un homme qui a tué un homme, peu importe qu'il s'agisse du suspect le plus recherché de France. En passant, dois-je encore rappeler que M. de Ligonnès n'a jamais été jugé pour les assassinats dont on l'accuse ? J'entends dire par-ci par-là que M. Puértolas a bien fait de « tuer cet assassin ». Mais, et je le répète, celui-ci n'a jamais été entendu sur l'affaire du meurtre de son épouse et de leurs enfants, il était donc, jusqu'à preuve du contraire, in-no-cent lorsque M. Puértolas l'a sauvagement attaqué… De là à dire que M. Puértolas a tué un innocent, il n'y a qu'un pas, ne vous en déplaise, que je franchis fort aisément, croyez-moi !

Je ne suis sûrement pas le seul à penser que l'avocat général coupe les cheveux en quatre. Au couteau à beurre…

Romain Puértolas
(La Bastide-de-Bousignac)

Je frottai mes yeux et regardai de nouveau la scène irréelle qui se déroulait à quelques mètres de moi. Chaque élément de cet insolite tableau était toujours là, à sa place. Xavier Dupont de Ligonnès. La terrasse. Le peignoir. Le *Midi Libre*. Je ne rêvais pas.

Cette demeure n'appartenait plus à personne depuis vingt ans. « Vous ne serez pas dérangé par le voisin, m'avait annoncé Ginette S. en signant l'acte de vente de sa maison. Robert, le voisin, est mort et il n'avait pas d'héritiers. Vous aurez ainsi deux maisons pour le prix d'une. » Je n'avais pas pris mes aises pour autant et n'avais jamais empiété sur la propriété de Robert par respect pour sa mémoire. Il n'aurait certainement pas voulu que le premier écrivain de passage foule ses plates-bandes. Et puis ma maison était assez grande. Jamais je n'aurais su quoi faire d'autant de terrain. Je n'avais pas la main verte. Et si j'avais dû me mettre au bricolage par la force des choses, faire pousser ou entretenir des plantes me dépassait. J'étais depuis toujours un véritable planticide. Même les bambous achetés chez Ikea et réputés increvables expiraient entre mes mains après d'affreuses souffrances. En bon consumériste, dès qu'ils séchaient, je les jetais puis j'en achetais d'autres.

Affolé, je revins à l'intérieur et me précipitai vers la commode du salon. Cela faisait longtemps que je n'avais pas utilisé mon téléphone portable, il me fut donc difficile de mettre la main dessus du premier coup. J'en étais venu à ne plus avoir de relations avec le monde extérieur. Je m'étais fâché avec mon éditeur, ma famille, mes amis, je n'acceptais plus aucune rencontre en librairie depuis longtemps, plus aucune interview, je n'avais d'ailleurs sorti aucun livre depuis plusieurs années. J'étais à présent « l'ermite de La Bastide-de-Bousignac » et ce titre me plaisait assez. J'étais enfin devenu le personnage que j'avais créé un matin d'août 2012 dans un RER, le fakir Ajatashatru Lavash Patel. Un ascète, une sorte de Siddhartha, méditant des semaines entières sous un bananier plantain. Je m'étais rapproché des petites choses de la vie. La nature, le ciel, l'eau glaciale d'une rivière où l'on trempe sa main en plein été, le chant des cigales le jour, celui des grillons la nuit, lire un bon roman assis sur un rocher ou me perdre dans le bois, regarder la voûte étoilée, assis sur ma terrasse, à 3 heures du matin, m'imaginer seul au monde sur une planète dépeuplée comme dans une série postapocalyptique. Une vie très simple faite de plaisirs et d'émerveillements. Qu'est-ce que j'étais heureux !

Je finis par dénicher mon iPhone sous une pile de factures. Quand je l'allumai, le petit indicateur visuel m'alerta que je devais le brancher au secteur car la batterie s'était déchargée (flûte !) et il me fallut encore cinq bonnes minutes pour trouver le câble (re-flûte !). Lorsque je pus enfin le faire fonctionner et que je me précipitai dehors pour prendre une photo, vous l'aurez deviné, l'homme au peignoir avait disparu.

Dépité, je revins à l'intérieur et m'assis devant l'ordinateur, en proie à une vive inquiétude. Je recourais en général à Internet pour acheter un livre, regarder un film, j'avais donc conservé un forfait téléphonique basique (fixe + Internet à 9,90 euros par mois), mon seul lien avec le monde extérieur. « J'ai vu Dupont de Ligonnès », me surpris-je à taper dans le moteur de recherche, comme une bouteille que j'aurais envoyée à la mer, ou comme pour prendre conscience de ce qui venait d'arriver. Comme si, bien plus que l'expérience vécue, il me fallait écrire ces mots et les lire ensuite pour le croire. Plusieurs centaines de résultats s'affichèrent en une seconde. Je fis alors défiler une liste exhaustive des « apparitions » de Ligonnès, qui n'avait rien à envier à celles de la Vierge ou du monstre du Loch Ness. Une des dernières de la liste m'interpella tout particulièrement.

Elle avait été postée en avril 2020, en pleine crise du Covid, sur un forum quelconque. Un étudiant français en Erasmus, résidant en colocation dans un appartement du petit village du massif de Collserola, près de Barcelone, affirmait avoir croisé Dupont de Ligonnès durant une promenade interdite pour cause de confinement. « Théoriquement, on peut pas sortir de chez nous, mais ici, les maisons sont des villas très éloignées les unes des autres et on profite du fait que les flics fassent très peu de rondes dans les montagnes » ; « De loin, je vois un homme en chemise blanche avec un sac en plastique dans la main, il remonte la rue vers les villas. Je me décale pour ne pas être trop proche de lui au moment où j'arriverai à sa hauteur (j'ai pas envie de choper le virus). C'est lui ! Il me regarde très rapidement dans les yeux, j'ai le réflexe de détourner le regard, j'essaye de garder une *poker face* mais je sens une goutte de sueur couler dans mon dos. S'est-il rendu compte que je l'ai grillé ? Il doit avoir l'habitude de ne croiser que des petits vieux espagnols, ça a dû lui faire peur de tomber sur un jeunot de vingt ans ».

Bon, ce n'était pas du Proust mais on comprenait l'idée. Je levai un instant les yeux de l'écran et scrutai le fond de mon jardin, à travers la baie vitrée du salon, en proie à une intense réflexion. Cet étudiant avait-il vraiment croisé Ligonnès ? Avait-il cru le voir ? Ou mentait-il effrontément pour se rendre intéressant ? Et puis, comment se faisait-il, ces mille fois où on l'avait aperçu, que pas une seule personne n'ait eu la présence d'esprit de le suivre tout en téléphonant à la police ? Pourquoi le laisser filer ?

Telles furent les questions qui m'assaillirent, destinées à errer dans mon cerveau sans qu'aucune réponse puisse m'être donnée sur le Net. L'histoire se tenait cependant. Il semblait en effet logique que le fugitif se soit établi dans un petit village espagnol où on ne le connaissait pas et où personne ne le cherchait, plutôt qu'en France. Cependant, ce jour-là, c'était tout le contraire qui venait de se produire. Il s'était installé à La Bastide-de-Bousignac. À côté d'un ancien flic, de surcroît. Si nous avions été dans un roman à suspense, j'aurais écrit : Ce fut là sa première erreur…

Affaire Romain Puértolas
(Cour d'assises de Toulouse)

— La question que tout le monde se pose est : que faisait donc M. de Ligonnès chez M. Puértolas ce 26 mai 2023 ? Mesdames et messieurs les jurés, monsieur le président, ce que je crois, moi, c'est que M. Puértolas a attiré M. Dupont de Ligonnès chez lui dans le seul but de le piéger. Tout cela était pré-mé-di-té. Or, vous savez tous par quel mot on désigne un meurtre prémédité. C'est un assassinat !

Mon avocat éclate alors de rire. Un rire long, forcé, exagéré, qui met tout le monde mal à l'aise, et moi le premier. Un rire qui ne s'arrête pas, diabolique, de ceux que les méchants lâchent dans les films de série B. Ha ha ha ha ! Gras, puissant, délirant. Voyant qu'il a réussi à attirer l'attention, il s'interrompt soudain et dit, quasiment dans un murmure :

— Croyez-vous que si cela faisait partie d'un plan, comme vous l'imaginez, d'un plan parfaitement rodé, orchestré, prémédité, comme vous dites, mon client aurait tué la victime avec un couteau à beurre ?

Il laisse sa question flotter dans la salle d'audience. On ne peut qu'admirer sa grande force théâtrale. Et moi, abasourdi, de me demander si tous les avocats suivent une formation au cours Florent pendant leur cursus. Une rumeur commence à gronder parmi le public et dans le box des jurés. Il les tient, le bougre, me dis-je, il les tient.

— Un COUTEAU À BEURRE ! continue-t-il, passant du murmure à la vocifération. N'est-ce pas ce que l'on prend lorsqu'on n'a rien d'autre sous la main pour se défendre ? Réfléchissez deux secondes ! Rien ne va dans votre exposé, monsieur l'avocat général, dans votre version des faits. Ab-so-lu-ment rien !

Là, il se fout complètement de lui. Comme s'ils assistaient à un match de tennis à Roland-Garros, les jurés se tournent en chœur vers l'avocat général. Celui-ci hoche la tête, sent qu'il a perdu ce set et abandonne le point.

— Très bien. J'entends. Eh bien, dites-nous donc, maître Fortin, pourquoi donc M. de Ligonnès se trouvait-il chez M. Puértolas le 26 mai 2023 ? Nous sommes tout ouïe.

— C'est évident, dit mon avocat en signalant mon visage et mes mains bandés, comme s'il n'avait attendu que cela depuis le début. Pour faire cuire des frites !

Romain Puértolas
(L'enquête)

Si nous étions dans un film, un panneau apparaî-
trait sur l'écran : « Treize ans auparavant ». Et une
petite musique fluette, peut-être une clarinette ou un
hautbois, résonnerait dans le fond.

J'avais moi aussi joué les détectives en juillet 2011,
quand l'affaire Ligonnès battait son plein. J'étais
jeune lieutenant de police. Je n'avais pas encore imaginé l'aventure de ce fakir qui changerait ma vie,
j'achevais l'écriture d'un roman, *L'Œuf d'Einstein*,
l'histoire d'un jeune Américain obèse qui se nourris-
sait exclusivement de glaces à la bière et qui, un beau
jour, fabriquait une machine à remonter le temps à
l'aide des pièces détachées de son micro-ondes afin
de revenir dans le passé pour empêcher sa mère de se
suicider... À l'heure où j'écris ce court résumé, je me
demande vraiment ce qui a cloché dans mon enfance
pour que mon cerveau accouche d'idées pareilles.
Bref, j'allais finir par l'auto-publier quelques mois
plus tard chez Publibook et il me rapporterait la
modeste somme de 5,76 euros de droits d'auteur en

2012 sous la forme d'un joli chèque que je n'encaisserais jamais et que j'encadrerais. Ma femme était enceinte de notre fils Léo et nous vivions rue des Fêtes, à Paris, dans un immeuble du ministère de l'Intérieur habité par des policiers et des hôtesses d'Air France, que je ne croisais malheureusement jamais, mais dont le doux son des valises de cabine sur les pavés de la cour intérieure avait l'habitude de m'arracher des bras de Morphée toutes les nuits aux alentours de 4 heures du matin.

J'avais suivi avec grand intérêt l'affaire dite XDDL – qui n'était pas un nombre en chiffres romains : la découverte macabre des corps et la cavale du père vers le sud de la France qui avait pris fin, ou plutôt commencé, dans ce Formule 1 de Roquebrune-sur-Argens. Le 15 avril, à 16 h 10, une caméra de surveillance avait filmé les derniers pas de Ligonnès sur le parking de l'hôtel, une housse à costume sur l'épaule.

Les enquêteurs, les magistrats, ainsi que le grand public, avaient tout de suite pensé, j'ignore encore pourquoi aujourd'hui, que Ligonnès s'était engouffré dans ces bois dans le seul but de se suicider. Ce qui, à mon humble avis, était en totale contradiction avec les actions commises par l'homme les jours précédents et la méticulosité martiale avec laquelle il avait orchestré la disparition méthodique de chacun des membres de sa famille entre le 3 et le 10 avril 2011.

Pour mémoire, il avait supposément endormi sa famille à coups de somnifères, à l'exception de son épouse, avant de leur tirer deux balles dans la tête en prenant supposément bien soin d'appliquer une dalle supposément autoadhésive entre la tête et le canon du silencieux pour que le sang n'éclabousse pas les murs et le sol. Pas qu'il soit maniaque de la propreté, mais clairement avec l'intention de supposément tuer sans laisser de traces afin de supposément coller avec son scénario de départ soudain de la famille. Il les avait supposément emmitouflés, toujours en vêtements de nuit, dans leurs draps respectifs et les avait descendus à la cuisine, sur le sol de laquelle la police avait retrouvé, à l'aide du révélateur BlueStar, des traces de sang nettoyé, puis il les avait supposément mis dans de grands sacs supposément poubelles et les avait enterrés sous la supposément terrasse après les avoir aspergés de chaux supposément vive, afin de réduire les restes et les odeurs supposément de putréfaction supposément. On cherche à dissimuler les odeurs lorsqu'on ne veut pas qu'un corps soit découvert, ou alors je ne m'y connais supposément pas. Il avait enfin recouvert (j'ai oublié supposément) le tout d'un plastique de piscine gonflable puis avait réalisé une chape de ciment (supposément, ça rime) de deux centimètres, sur laquelle il avait posé une planche. Ces quelques actes ne laissaient aucun doute sur les intentions de celui qui les avait réalisés : il souhaitait qu'on ne retrouve jamais les corps. Supposément. Supposément. Et cetera.

Par la suite, Ligonnès avait envoyé, depuis les portables de chacun et tout en se faisant passer pour eux (une goutte de sueur glacée parcourt mon échine), des SMS aux amis et à la famille, prétextant qui une maladie, qui un départ soudain. Il y avait enfin eu cette lettre du 8 avril 2011, envoyée aux très proches, commençant comme une rédaction de sixième, ou celle d'un cracké sous trip, en tout cas pas écrite par quelqu'un qui vient d'éliminer toute sa famille (ce qui fait couler dans mon dos une deuxième goutte de sueur) : « Coucou tout le monde ! Méga surprise, nous sommes partis en urgence aux USA, dans des conditions très particulières que nous vous expliquons ci-dessous. » Suivait un scénario abracadabrant. Pour résumer, la DEA, le service fédéral de police chargé de la lutte contre les stupéfiants aux États-Unis, avait dû, à la suite d'une fuite, exfiltrer toute la famille de manière soudaine vers une destination inconnue. Ligonnès, qui n'y connaissait visiblement rien aux compétences policières, y confondait allégrement, en un joyeux bordel, DEA, FBI et US Marshals, comme dans un mauvais roman de gare. C'était absurde, mais cela avait en tout cas une utilité : sa mère et sa sœur, en plein déni – on pouvait les comprendre, les pauvres –, y croiraient dur comme fer.

Leurs labradors Jules et Léon ayant hurlé deux nuits de suite, Ligonnès – la patience faite homme, moi j'aurais dézingué les chiens dès le premier soir... – s'était vu contraint de leur réserver le même sort – apparemment avant le 6 avril, puisque le 6 au soir, la petite amie d'Arthur, inquiète de ne pas avoir de nouvelles, était venue frapper à la porte de la maison familiale où « une lumière éclairait encore le premier étage » (on dirait du Zola), mais elle n'avait pas entendu aboyer. Deux balles de fusil, la chaux et le trou sous la terrasse, allez, hop, direction le paradis des chiens heureux où les attendaient Lassie, Rantanplan, Rintintin et Mabrouk.

Du 6 au 10 avril, Ligonnès avait entrepris un travail de titan. Il avait résilié le bail de leur maison, celui du logement étudiant de son fils, il avait envoyé une lettre au collège de ses enfants afin de les aviser qu'Anne et Benoît quittaient l'établissement et partaient en Australie du fait d'une « mutation professionnelle urgente », il avait envoyé à l'établissement catholique Blanche-de-Castille, où sa femme Agnès travaillait comme prof, une lettre de démission signée de sa propre main. Comment, me direz-vous. Je ne pense pas que ce soit là le plus extraordinaire, j'ai passé toute mon enfance à imiter la signature de ma mère sur mes copies de latin et de physique-chimie. La lettre évoquait également cette mutation. Ligonnès avait réglé ce qu'il restait à payer pour l'année scolaire des enfants, débarrassé le logement étudiant d'Arthur à Saint-Laurent-sur-Sèvre. Chez eux, à Nantes, il avait dévissé la boîte aux lettres et collé une affichette à la place : « Courrier à retourner à l'expéditeur, merci » afin que le courrier ne s'accumule pas et n'attire pas l'attention. Il avait retiré des cadres accrochés aux murs toutes les photos de famille, vidé la maison, il avait jeté presque tout leur matériel informatique après avoir effacé tous les mails, tous les fichiers, tous les commentaires que sa femme laissait sur Doctissimo – la plupart pour se plaindre d'un mari démissionnaire et dépensier (ah bon ?) – et lui sur le forum cite-catholique.org.

Pourquoi se donner tant de mal pour ensuite aller se suicider dans la montagne à mille kilomètres de là ? Cela n'avait aucun sens. Quelle perte de temps, d'énergie pour quelqu'un qui aurait tout bonnement décidé de se mettre une balle dans la tête. Pourquoi s'encombrer une dernière fois de ce qui nous pollue déjà l'existence, à savoir l'administratif, alors qu'on peut tout envoyer balader d'un coup de revolver ? Non, je n'y croyais pas une seule seconde.

J'avais moi-même vécu le suicide de près, puisque la sœur de ma mère avait mis fin à ses jours quand j'avais une vingtaine d'années. Elle n'avait pas clôturé son compte bancaire ni son abonnement de téléphone, non, elle n'avait même pas pris la peine de laisser une lettre expliquant son geste. Un matin, ma tante avait saisi le fusil de son mari avec toute la tranquillité du monde, s'était recouchée dans le lit avec et s'était tiré une balle dans la bouche. Fin de l'histoire. Fin des problèmes. Démerdez-vous ! Et même pas une pensée pour celui ou celle qui devrait nettoyer les morceaux de cervelle sur la tapisserie à fleurs. Pour une fois, ce ne serait pas elle qui ferait le ménage – profite, Tatie !...

Les pères de famille ruinés qui pètent un plomb et assassinent toute leur famille, il y en a toujours eu et il y en aura toujours. L'acte est impulsif. Dans un accès de folie ou de désespoir, l'homme décroche la vieille carabine de chasse posée au-dessus de la cheminée du salon sur les deux pattes de biche ringardes, tue sa femme en premier, puis ses gosses, sans silencieux – on se fout du bruit et des voisins quand on va se mettre une balle dans la tête – avant de retourner l'arme contre lui. De toute ma courte carrière policière, je n'ai été confronté qu'une seule fois à un suicidaire exemplaire. C'était à Marseille. Une vieille dame. Elle n'avait pas clôturé ses comptes non plus, ni résilié son bail, mais elle avait étalé dans tout le salon une bâche en plastique afin de ne pas salir les meubles (Dexter, sors de ce corps !). Une délicate attention pour des meubles qu'elle n'aurait de toute façon pas salis puisqu'elle s'était suicidée en ingérant des cachets…

Dans cette affaire XDDL, il y avait de tout sauf de l'impulsion. C'était un plan froid, mûrement réfléchi, organisé depuis plusieurs mois (l'achat du silencieux, par exemple), une mise en scène destinée à faire croire que toute la famille s'était volatilisée, mais qu'ils allaient bien et qu'il était inutile de les chercher. Oui, surtout, il ne fallait pas les chercher, c'est le message qui émanait, en filigrane, de toutes les lettres. Ligonnès souhaitait ainsi acheter sa tranquillité. Pour pouvoir recommencer une vie ailleurs, loin de tout, sans famille, sans dettes.

Cela ressemblait étrangement à l'affaire d'un certain John List. En 1989, la police américaine avait finalement arrêté ce vendeur d'assurances qui, dix-huit ans plus tôt, alors qu'il était couvert de dettes, avait tué sa famille dans des conditions similaires. L'homme avait abattu son épouse par arme à feu dans la cuisine, puis sa mère qui se trouvait à l'étage. Il avait ensuite attendu patiemment que deux de ses trois enfants rentrent de l'école pour les abattre. Il avait déjeuné puis était parti assister au match de football de son troisième fils, qu'il avait assassiné à leur retour à la maison. Impossible de ne pas faire le parallèle avec Thomas Dupont de Ligonnès. Le lendemain des assassinats, Ligonnès était allé dîner au restaurant avec son fils, avait essayé de l'empoisonner puis l'avait raccompagné à la gare pour qu'il aille chez un ami avant de le faire revenir le lendemain, sous le prétexte que sa mère était tombée de vélo, pour enfin le tuer à son tour. Mais reprenons. John List avait mis les cadavres dans des sacs de couchage et étalé tout ce beau monde dans le salon. Il avait nettoyé scrupuleusement le sang jusqu'à ce qu'il n'en reste plus aucune trace. Avant de partir, il avait clôturé tous les comptes bancaires, y compris celui de sa mère, avait prévenu le lycée de ses enfants qu'ils faisaient un voyage en famille en Caroline du Nord, avait coupé le gaz et l'électricité et n'avait laissé aucune denrée périssable dans le réfrigérateur. Il avait résilié son abonnement de livraison de lait et de journal à domicile. Enfin, il avait laissé un mot à l'intention du facteur, lui demandant de garder le courrier en leur absence. Croyez-vous qu'après cela il s'était suicidé,

48

bourrelé de remords ? Bien sûr que non. Son histoire était si bien ficelée qu'il s'était passé près d'un mois avant que l'on constate les disparitions. Pendant ce temps-là, John avait abandonné sa voiture sur le parking d'un aéroport, changé de nom, s'était acheté un van et était allé vivre dans le Colorado. Il avait par la suite emménagé en Virginie où il avait exercé la profession de comptable et s'était remarié. Il menait une vie de petit-bourgeois lorsque, en 1989, durant la transmission d'une émission sur des meurtres non résolus, *America's Most Wanted*, un de ses collègues de travail l'avait reconnu. J'imagine le choc ! Putain, Peggy, mais c'est pas John, là ?

John List était la preuve vivante que l'on pouvait tuer toute sa famille, changer d'identité et couler des jours tranquilles pendant dix-huit ans à seulement quatre cent soixante-dix kilomètres du lieu du crime sans être inquiété le moins du monde. Quatre cent soixante-dix kilomètres ! La distance entre Nantes et Agen. Lors de son jugement, John List avait expliqué qu'il n'avait jamais envisagé le suicide : « J'étais convaincu que si vous vous tuez vous-même, vous n'irez pas au paradis. » Ben tiens, c'est vrai que tuer les autres est beaucoup plus chrétien…

Or, fait troublant, Ligonnès se trouvait aux États-Unis lorsque John List avait été arrêté, le 1er juin 1989. Difficile de croire qu'il n'en ait pas entendu parler. Tout ce qu'il avait fait d'éreintant durant les sept jours précédant son départ pour le Grand Sud montrait bien son souci de ne pas se faire rattraper pour des broutilles – un amoncellement de courrier dans la boîte aux lettres, par exemple. Aucun doute là-dessus. Exactement comme Mohammed Atta et ses comparses, qui avaient embarqué le 11 septembre 2001 à bord des deux Boeing d'American Airlines et d'United Airlines fraîchement rasés et bien habillés – et non en treillis avec un écriteau « Allahu akbar ». Ou comme Saïd Kouachi portant sur lui, le 7 janvier 2015, sa carte d'identité pour éviter qu'un contrôle de police inopiné ne fasse avorter son plan d'assassiner les caricaturistes de *Charlie Hebdo*. Des précautions pour ne pas attirer l'attention. Et Ligonnès ne voulait pas que l'on s'intéresse au 55, boulevard Robert-Schuman. Il voulait qu'on croie à son histoire et qu'on ne le cherche pas. Ni pour assassinat, et encore moins pour… loyer impayé.

Manque de chance pour lui, malgré ses efforts, on avait retrouvé les cadavres. Et du jour au lendemain, il était devenu un fugitif.

Alors oui, certains journalistes étaient allés dénicher cette lettre, écrite un an auparavant par Xavier Dupont de Ligonnès et adressée à ses deux meilleurs amis, Emmanuel Teneur et Michel Rétif, et dans laquelle il annonçait : « Si ça tourne mal [ses affaires commerciales], je n'ai que deux solutions, me foutre en l'air avec ma voiture ou foutre le feu à la baraque quand tout le monde dort […] Je serai donc fin août-début septembre au pied du mur avec une solution définitive à prendre : suicide seul ou suicide collectif. »

50

Dans sa lettre, Ligonnès avait commis un pléonasme – « suicide seul » – et un oxymore – « suicide collectif ». Si tant est qu'un suicide collectif ne soit pas un assassinat, car comment mettre plusieurs personnes d'accord sur une chose aussi radicale et individuelle que de mettre fin à sa propre vie ? Durant l'enquête sur l'affaire de l'ordre du Temple solaire, un exemple particulièrement atroce de ces prétendus suicides collectifs, la police avait mis en lumière qu'une grande partie des morts avaient tout bonnement été assassinés. Selon un expert, du phosphore avait même été trouvé sur les lieux, prouvant l'usage de lance-flammes. Malgré mon imagination (au demeurant débordante, vous le savez), je n'arrive toujours pas à concevoir la position qu'il faut adopter pour se suicider avec un lance-flammes…

Mais revenons à Xavier Dupont de Ligonnès et à la question métaphysique qui le taraudait ce 11 juillet 2010 cependant qu'il écrivait à ses deux amis Emmanuel et Michel : « suicide seul ou suicide collectif ». Je me le représentais jouant la réponse à pile ou face dans la cave du 55, boulevard Robert-Schuman reconvertie en bureau. Pile, suicide seul ; face, suicide collectif. Contre toute attente, la pièce d'un euro avait dû tomber sur la tranche. Merde, et alors, qu'est-ce qu'on fait maintenant ? Eh bien, on coupe la poire en deux, va pour le suicide collectif des autres !

Dans un documentaire, le journaliste Guy Hugnet argumentait que la lettre envoyée à ses amis prouvait que Ligonnès pensait au suicide. « Prouvait », le mot est fort. Oui, effectivement, il y pensait en 2010 – et encore, c'est discutable : n'a-t-on jamais écrit des choses que l'on ne pensait pas ? Cependant, le fait que Ligonnès ait parlé de suicide plus d'un an avant les faits n'établissait d'aucune manière qu'il ait fini par passer à l'acte. Bien au contraire. Le dicton n'affirme-t-il pas : c'est ceux qui en parlent le plus qui en font le moins ? Ma mère, tiens, pour revenir à elle, qui toute sa vie a parlé de suicide – elle a même acheté à France Loisirs, à l'époque, le fameux *Suicide, mode d'emploi* de Claude Guillon et Yves Le Bonniec, introuvable et qui vaut une petite fortune aujourd'hui, qu'elle laissait traîner sur la table du salon, sans se soucier que son fils de dix ans puisse le feuilleter, chose que je m'étais bien entendu empressé de faire –, ma mère, donc, n'avait jamais tenté de se suicider pour autant. Et heureusement. Ma tante, en revanche, n'avait jamais abordé le sujet et avait pourtant mis fin à ses jours. Les hôpitaux sont pleins de gens qui disent vouloir se suicider. Les cimetières, de gens qui n'ont jamais rien dit et l'ont tout simplement fait.

On pouvait aussi lire que Ligonnès s'était suicidé dans une profonde grotte des Cévennes afin que son corps ne soit jamais découvert. Cette remarque m'avait décontenancé. Avait-on jamais vu quelqu'un se suicider avec l'idée machiavélique, géniale, ignominieuse, inutile, ABSURDE (!!!) de ne jamais être retrouvé ? David Copperfield, Houdini, peut-être :

leur dernière disparition, leur dernier tour de passe-passe. Mais un homme ordinaire comme Xavier Dupont de Ligonnès…

Voilà pourquoi, lorsque Dupont de Ligonnès avait été aperçu par un promeneur sur le chemin des Châtaigniers, l'après-midi du 15 avril 2011, quelques instants après avoir quitté le parking du Formule 1, il n'allait ni chasser ni chercher un petit coin tranquille dans les fougères pour se faire éclater la cervelle.

Mais qu'allait-il faire, alors ? demanderez-vous.

Je vous ai promis du suspense, en voici. La révélation me vint de la manière la plus banale, cinq ans après les faits, au volant de ma Volvo alors que nous rentrions, ma femme, mes deux enfants et moi, de Décathlon où nous avions acheté des choses ô combien intéressantes : un sac à dos et des gourdes.

Affaire Romain Puértolas
(Cour d'assises de Toulouse)

— Tout ne s'est pas passé aussi vite que vous le décrivez, dis-je à l'intention de l'avocat général. Il s'est écoulé plusieurs jours avant le drame. Je veux dire, le drame du couteau à beurre.

— Si je comprends bien, après l'avoir aperçu sur la terrasse de votre voisin, vous l'avez revu et avez entretenu une… « relation », disons, plus ou moins amicale ?

— C'est ça.

L'avocat général se tourne alors vers les jurés :

— Sans arrière-pensée ? Sans l'idée de le piéger ensuite ?

— Non, et pour preuve, ce n'est pas moi qui suis allé vers lui, je réponds. C'est lui qui est venu vers moi. Si j'avais réellement voulu le piéger, j'aurais fait le premier pas.

— Oui, enfin, c'est à voir. Parlez-nous donc de votre relation de bon voisinage, alors, avec l'homme le plus recherché de France…

Romain Puértolas
(La Bastide-de-Bousignac)

L'homme que je pensais être Xavier Dupont de Ligonnès réapparut le lendemain matin sur la terrasse, en peignoir blanc, son café dans une main, son journal dans l'autre. Une parfaite réplique du jour d'avant.

J'avais cette fois-ci eu le temps de recharger la batterie de mon iPhone et, ainsi équipé, je m'approchai dù muret à petits pas, comme un renard d'un poulailler, brandissant le portable en mode appareil photo. Afin de ne pas me faire prendre, je restai à une distance prudente et appuyai sur le déclencheur.

Je revins ensuite à l'intérieur et m'empressai de regarder le petit écran de mon téléphone, riant sous cape, fier de mon méfait. On voyait bien un homme en peignoir blanc, tenant un journal déplié devant lui, mais en zoomant sur son visage, la pixélisation rendait impossible l'identification du fugitif. Je m'imaginais à la gendarmerie de Mirepoix, suant à grosses gouttes en m'évertuant à convaincre les fonctionnaires que cet homme était bien celui que l'on recherchait depuis 2011. Ouvrez les guillemets et prenez l'accent du Sud-Ouest : « Et il serait là, pépère, à La Bastide-de-Bousignac, en peignoir, en train de lire *Midi Libre* ? Je trouve pas qu'il lui ressemble. Josiane, tu trouves qu'il ressemble à Ligonnès, ce type-là ? »

OK, pensai-je, allez, je suis bon pour une photo de plus près.

Je ressortis et marchai sur la pelouse sans faire de bruit, le portable contre ma jambe, au cas où il me repérerait. Le voyant absorbé par sa lecture, je me risquai encore à avancer de quelques mètres. Arrivé au niveau du muret qui sépare les deux maisons, je levai mon téléphone devant mon nez. On le voyait de trois quarts, la distance était parfaite, Josiane n'aurait même pas à zoomer. J'approchai mon pouce du rond rouge et, au moment où j'allais appuyer, mon sang se figea dans mes veines. Je vis à travers l'écran que l'homme avait relevé la tête et me dévisageait sans un mot.

À ma grande surprise, il sourit et se leva pour venir à ma rencontre.

Je baissai mon téléphone et le rangeai dans ma poche.

— Oh, je ne vous avais pas vu, mentis-je. Je prenais des photos de la maison.

De plus près, il ressemblait nettement moins à Xavier Dupont de Ligonnès. Il avait les cheveux blancs, quelques rides de plus. Mais, avec un petit travail d'imagination en ce qui concernait le vieillissement, le doute s'évanouissait. Il continuait de sourire et un détail attira tout de suite mon attention. Cette dent qui manquait du côté gauche de sa mâchoire supérieure et qui était un signe particulier de cet homme que l'on recherchait, cet interstice si caractéristique, eh bien, il ne l'avait pas. Je me dis que, conscient que cette marque le trahirait, il avait dû se faire poser un implant, depuis le temps.

— Miguel, se présenta-t-il.

Il avait prononcé « Migouelle », une erreur fréquente chez les Français, alors que Miguel se dit en espagnol « Miguel », le « gue » se prononçant comme dans « figue ». Mauvaise pioche, pensai-je.

— Romain, répondis-je sans relever la fatale erreur. Espagnol ?

— Oui. *Jé* peux pas *lé* cacher, mais ça va, *jé* commence à dominer un peu votre langue, c'est compliqué, vous savez, ajouta-t-il.

Je demeurai interdit. Il avait dit cette phrase avec l'accent d'un Espagnol qui parle français. Je connaissais bien cet accent, j'avais enseigné le français dès mon arrivée à Barcelone, en 2000, et ce durant plus de cinq ans, dans plusieurs écoles et académies de langue.

— Vous êtes le nouveau voisin ? demandai-je en prenant l'air le plus innocent du monde.

— C'est la maison d'un *grande* oncle. *Jé* venais ici quand j'étais pas plus *grande* que ça, pour passer les vacances en France.

Il plaça sa main au niveau de sa hanche.

— Oh, vous êtes de la famille de Robert ! dis-je.

— Oui ! s'exclama-t-il, comme il se serait exclamé de même à l'évocation de Pierre, Paul ou Jacques.

Mes jambes commencèrent à flancher, mon corps voulant sans doute me prévenir que j'étais en face d'un type qui avait « supposément » tué sa femme, ses quatre enfants et leurs deux chiens avant de « supposément » les emballer dans des sacs-poubelle et de « supposément » les emmurer dans le jardin. Mon cœur commença à frapper fort dans ma poitrine, et je n'eus qu'une peur : que cela s'entende.

— Un brave homme, dit-il en hochant la tête, comme affecté d'une soudaine tristesse.

— Vous êtes d'où ?

— Barcelona.

Là, je te tiens, mon coco, pensai-je, retrouvant un peu de confiance. J'y avais passé cinq ans de ma vie.

— *Podem parlar en català !* lançai-je tout de go en catalan afin de briser la mascarade.

Étonnamment, il me répondit dans cette langue avec une aisance sidérante. Pendant quelques secondes, je crus que je m'étais trompé, que cet homme s'appelait vraiment Miguel, qu'il était né à Barcelone et était bien le petit-neveu du voisin Robert. J'imaginais la gueule des gendarmes de Mirepoix. Mais tout en lui me rappelait Xavier Dupont de Ligonnès. Quoi ? Je n'aurais su dire. Tout. Les yeux, le sourire, la taille (à peu près la mienne), l'âge (la soixantaine). Tu commences à perdre la boule, pensai-je. Tu commences à voir Ligonnès partout.

Nous parlâmes encore de Barcelone quelques instants. J'essayai de le mettre en difficulté sur tout, je lui tendis des pièges. Il était incollable sur la Ciudad Condal, le marché de la Boquería, l'Eixample gauche et l'Eixample droit, l'architecture de Gaudí.

Soufflé, je déclarai forfait, abattant ma dernière carte.

— Vous savez que les Espagnols ne disent pas « Migouelle », non ?

— *Jé* sais, *jé* sais. Mais si *jé* dis Miguel, les Français *né* comprennent pas. Alors *jé* me suis adapté, répondit-il avec un grand sourire.

Il avait réponse à tout.

— Vous voulez boire un verre ? demandai-je enfin.

Il était tôt dans la matinée, c'était une proposition un peu étrange, vraiment, mais elle m'était venue spontanément.

— *Jé* dirais pas non à un petit Ricard.

Un Ricard ? Toutes les alertes sonnèrent en moi. Seul Xavier Dupont de Ligonnès aurait pu me demander cela.

Romain Puértolas
(L'enquête)

Un jour de 2011, j'appris par un article de journal que la police avait découvert sur la table de chevet de la chambre parentale du domicile des Ligonnès le livre *Disparu à jamais*, de Harlan Coben. Je n'avais encore jamais lu ses livres, mais je rencontrerais Harlan quelques années plus tard au Salon du livre de Colmar. Un grand type chauve, à lunettes, sympathique, à mille lieues des horreurs qu'il écrivait et dont l'éditeur français semblait être un fétichiste des titres à impératif négatif (*Ne le dis à personne*, *Ne t'éloigne pas*, *Ne t'enfuis plus*).

Ni une ni deux, je me procurai le roman en question et plongeai dedans, sans imaginer une seule seconde tout ce que j'allais y découvrir.

Dès le premier chapitre, je fus interpellé par la similitude entre ce roman, publié en France en janvier 2003, et l'affaire Ligonnès. Pour faire court, Ken Klein avait supposément violé et assassiné sa voisine, Julie Miller, avant de prendre la fuite et de s'évanouir dans la nature. Pendant onze ans, il avait échappé aux filets de la police mais avait été aperçu à plusieurs reprises (dans le nord de la Suède, dans un restaurant sur une plage de Barcelone, dans une station de ski dans les Alpes françaises). Son frère Will, le narrateur, le croyait pour sa part mort et innocent. Cependant, avant de mourir, sa mère lui avouait que son frère était encore en vie. Et en fouillant dans ses affaires, Will tombait sur une photo de Ken datant de deux ans en arrière, confirmant cette édifiante révélation.

Toute l'affaire Ligonnès était dans le livre. En filigrane. La compagne du narrateur disparaissait après avoir effacé tous ses mails, ses dossiers, son historique Internet, après avoir retiré toutes les photos des cadres dans son appartement. Il était question d'un éventuel coup monté contre Ken afin que celui-ci endosse le meurtre de la voisine – la mère et la sœur de Ligonnès évoquaient elles aussi une manipulation contre leur Xavier. Et beaucoup d'autres détails du même ordre…

Plus j'avançais dans l'intrigue et plus il m'était difficile de ne pas imaginer Ligonnès à la place de chaque personnage. Et puis, il y avait cette méthode que Ken utilisait pour communiquer avec sa mère sans laisser de traces sur Internet par le biais d'un forum de discussion pour fans d'Elvis. Quand on voulait le joindre, il suffisait de poster « un message, la date et l'heure avec un nom de code. Et Ken sait aussitôt à quel moment envoyer un message IRC.

[…] C'est comme un forum privé pour chatter. Impossible à repérer ».

À la fin de ma lecture, qui ne m'avait pris que quelques heures, je demeurai sous le choc. Dans ce roman, pas moins de trois personnages disparaissaient en changeant d'identité pour vivre une autre vie, il était expliqué comment se procurer des faux papiers, comment nettoyer efficacement des taches de sang avec de l'eau oxygénée, comment communiquer de manière anonyme sur Internet. Sans compter que l'exfiltration, le trafic de drogue, le programme de protection des témoins, tous les éléments utilisés par Ligonnès dans sa lettre envoyée à ses proches le 8 avril étaient là, noir sur blanc. Visiblement, la lecture de *Disparu à jamais* avait été bénéfique à Xavier de Ligonnès, qui s'en était servi comme d'un véritable mode d'emploi du parfait fugitif. Merci qui ? Merci Harlan Coben !

Comment ne pas être convaincu que Ligonnès, en lisant ce roman chaque soir, dans son lit, Agnès et son masque respiratoire pour apnée du sommeil à ses côtés, n'ait pas fantasmé, lui si enclin à l'affabulation, sur l'idée de disparaître quelque part dans le monde, de refaire sa vie, donnant de temps en temps, par quelque manœuvre secrète, des nouvelles à Geneviève Dupont de Ligonnès, sa pauvre mère, comme le faisait Ken dans le livre ?

L'idée du meurtre était séduisante, il fallait bien l'avouer. Mais assez complexe à mettre en œuvre par un homme seul. À moins qu'il n'ait pas préparé sa fuite tout seul. C'est vrai, pensai-je alors, pourquoi une âme bienveillante ne l'aurait-elle pas aidé dans les derniers moments ?

Cette thèse du complice avait été avancée par la police. À l'origine de cette piste, ce mystérieux bornage du téléphone de Ligonnès la nuit du 7 avril 2011, à Port-Boyer, un petit quartier de banlieue peu recommandable de Nantes. Les enquêteurs avaient émis l'hypothèse selon laquelle il s'y était peut-être rendu avec l'idée de se procurer de faux papiers. Dans *Disparu à jamais*, encore, le narrateur retrouvait des trafiquants de documents dans une banlieue – « Je parle de ceux dont les gens ont besoin pour disparaître. S'évanouir dans la nature. Recommencer leur vie ailleurs. Vous avez des ennuis ? *Pffuit !* Je vous fais disparaître. Comme un magicien ».

On ne va pas dans une cité en pleine nuit pour tuer le temps, avaient argué les policiers. Je ne peux qu'être d'accord. En général, c'est pour acheter des stupéfiants. Mais Ligonnès avait-il vraiment le cœur à fumer un peu d'herbe ? Son truc, c'était plutôt le Ricard… Ou pour acheter des armes – mais il avait déjà sa .22 long rifle. Pourquoi aurait-il voulu d'autres armes ? Surtout que le 7 avril il n'était pas encore en cavale. On pouvait aussi imaginer qu'il soit allé voir une femme, passer une dernière nuit avec elle avant de fuir. Mais les filles de banlieue, cela ne semblait pas trop être le genre de la maison.

Et s'il y était allé pour autre chose que rencontrer quelqu'un ? me demandai-je alors. Et si c'était le lieu qui l'avait intéressé, et non les personnes qui y vivaient ? Je m'explique : un détail m'avait interpellé. À 0 h 35 cette nuit-là, avant de borner à Port-Boyer, Ligonnès avait effacé plus de sept mille fichiers des serveurs, comprenant photographies, lettres et mails, en gros, tout ce que contient la mémoire d'un ordinateur. Il était logique de penser qu'après avoir supprimé tout cela il avait ensuite voulu se débarrasser, en pleine nuit pour ne pas être vu – en milieu urbain, il est plus facile de jeter quelque chose sans être vu de nuit que de jour –, de tout son matériel informatique physique, que l'on n'avait jamais retrouvé et qu'il n'avait plus en sa possession à Roquebrune-sur-Argens quelques jours plus tard. Un simple coup d'œil sur Google Maps me révéla que Port-Boyer était l'endroit le plus proche du 55, boulevard Robert-Schuman avec une zone humide. À proximité des barres HLM coulait une rivière, l'Erdre, bordée d'un bois assez touffu pour dissimuler une silhouette sombre jetant en pleine nuit un ordinateur dans les eaux noires.

Je n'oubliais pas pour autant la thèse du complice, et ce fut une autre lecture qui me donna des pistes pour résoudre le mystère. Pas celle d'un roman cette fois-ci, mais celle de quelque chose de bien réel : la procédure judiciaire.

Dans la police, nous utilisons, pour taper les procès-verbaux, un logiciel nommé LRP (logiciel de rédaction des procédures). En 2009, à l'ENSOP, l'école de police des officiers, nous avions eu une initiation au logiciel en passe de devenir la référence, nommé Ardoise, mais celui-ci n'avait finalement pas été validé par la CNIL, car il recensait, y compris pour les victimes, certaines orientations sexuelles, origines ethniques ou tendances politiques. Or tout le monde sait que les Français préfèrent étaler eux-mêmes les détails de leur vie sur Facebook plutôt que de les voir figurer dans un fichier de la police – du coup, dans la police, nous allons directement sur Facebook piocher toutes les informations dont nous avons besoin… Un matin de la fin de l'année 2011 où j'étais arrivé en avance au service, j'entrai la suite de numéros de la procédure dans le LRP et, comme par magie, tous les procès-verbaux de l'affaire apparurent devant mes yeux ébahis.

Tout commençait par un détail troublant. Le 6 avril, soit deux jours après les meurtres d'Agnès, de Benoît, d'Anne et d'Arthur et un jour après celui de Thomas, Xavier Dupont de Ligonnès avait déconnecté son téléphone pendant toute la journée, sans doute pour ne pas être dérangé dans sa tâche de redécoration de la terrasse du jardin. Son ami Emmanuel Teneur avait d'ailleurs tenté de le joindre à plusieurs reprises. Fait étonnant, Ligonnès ne l'avait activé qu'une seule fois, à 21 h 40. Les relevés téléphoniques indiquaient que son autre meilleur ami, Michel Rétif, l'avait appelé à 21 h 45, que les deux hommes avaient eu une conversation de vingt-cinq minutes, jusqu'à 22 h 10, heure à laquelle Ligonnès avait de nouveau coupé son portable. N'importe quel enquêteur fraîchement sorti d'école aurait compris que Ligonnès avait allumé son téléphone ce jour-là dans l'unique but de recevoir l'appel de Michel Rétif, sur lequel ils avaient dû s'accorder à l'avance.

Le second détail troublant était que le même Michel Rétif, qui résidait à Lunel, au nord-est de Montpellier, avait entrepris un voyage dans le Var du 13 au 15 avril, soit exactement les mêmes jours où s'y était trouvé son grand ami Xavier Dupont de Ligonnès à la fin de son périple en voiture vers le Sud. On ne pouvait plus parler de coïncidence, et là encore, difficile de ne pas en déduire que, durant leur conversation téléphonique, ils s'étaient donné rendez-vous là-bas quelques jours plus tard. Le bornage de leurs téléphones portables respectifs les avait trahis et avait alors permis aux enquêteurs de les suivre à la trace et, surtout, de juxtaposer leurs déplacements.

Pendant trois jours, leurs bornages téléphoniques se chevauchaient à plusieurs reprises. Le 13 avril, Ligonnès s'était réveillé à l'Auberge de Cassagne, au Pontet, près d'Avignon, en était parti à 10 heures et était sorti de l'autoroute à Mandelieu-la-Napoule à 16 h 03. Michel, lui, était parti de son domicile de Lunel à 10 h 30 en direction de Fréjus, sur l'A8 (la même route empruntée par son ami), où il était arrivé à midi. Dans l'après-midi, Michel avait arpenté la région et borné à Roquebrune-sur-Argens. Fréjus (où se trouvait Michel) et Mandelieu-la-Napoule (où se trouvait Xavier) ne sont qu'à un quart d'heure de voiture l'un de l'autre. À 19 h 04, Ligonnès était arrivé au Première Classe de La Seyne-sur-Mer, il était donc revenu en arrière, soit à cent vingt kilomètres à l'ouest de Mandelieu. Qu'avait-il donc fait dans les environs de Fréjus toute la journée ? Sûrement une petite balade en vue d'un commentaire sur TripAdvisor. « Le centre-ville de Fréjus est super mignon. Honnêtement, je ne m'attendais pas à tomber sous le charme de ses petites rues et de ses bâtiments colorés. N'hésitez pas à vous y perdre. Kiss. Xavier. »

Le 14 avril était, là aussi, assez intéressant. À 10 heures, Michel avait quitté le Mercure de Fréjus, il avait parcouru quinze kilomètres avant de borner à Roquebrune-sur-Argens, à 10 h 10. Ligonnès, pour sa part, était parti de son hôtel de La Seyne à 9 h 40, avait lui aussi roulé en direction de Roquebrune, situé à quarante minutes seulement. Il avait donc dû y arriver aux alentours de 10 h 20. Rappelons que Michel y était à 10 h 10, soit dix minutes plus tôt – cette démonstration ressemble de plus en plus à un problème de maths de cinquième, on imagine déjà la question à laquelle on va devoir répondre. Michel avait ensuite passé une heure aux Adrets-de-l'Estérel, au nord-est de Fréjus, entre 10 h 30 et 11 h 40 – précisons pour le lecteur distrait, qui a déjà décroché, ou peu familier avec la géographie du Var, que Les Adrets-de-l'Estérel sont à sept minutes de Mandelieu-la-Napoule, où était sorti Ligonnès la veille. Michel était rentré à son Mercure et y était resté jusqu'au lendemain. Ligonnès, lui, était sorti à 17 heures du Formule 1, où il avait loué une chambre, et y était revenu à 19 heures. À 20 h 32, il avait envoyé ce mail mystérieux à Michel : « Nous procédons au nettoyage final des moyens de communication facilement traçables de la famille prise en charge par nos services. »

Il y a fort à parier que les deux hommes s'étaient rendu compte que le téléphone de Ligonnès pouvait être tracé. « Nettoyage final des moyens de communication facilement traçables. » Le message était clair. Alors que jusque-là on avait pu suivre un Ligonnès insouciant dans ses moindres déplacements, désormais son téléphone ne bornerait plus. La suite, la police ne l'avait connue que grâce aux caméras de surveillance du Formule 1. Le lendemain, 15 avril, il quittait l'hôtel en voiture à 10 h 19 et on perdait alors toute trace de lui pendant près de six heures, jusqu'à 16 heures, moment auquel il revenait, garait sa voiture et, à 16 h 10, était filmé une dernière fois par la caméra de surveillance du parking, partant, à pied, sa housse à costume sur l'épaule comme le cow-boy d'une célèbre pub de cigarettes américaines.

Parallèlement à cela, Michel, qui avait borné à Draguignan de 11 h 30 à 13 h 30 pour, selon ses dires, y récupérer sa fille, avait pris la route à 15 h 45 en direction de Lunel pour rentrer chez lui. Fin de mission. Arrivés le même jour, à la même heure, repartis deux jours après, le même jour à la même heure… Respectons la présomption d'innocence de Michel Rétif et disons donc qu'il ne s'agit que d'une mille cinq cent quarante-septième coïncidence.

Ce n'est pas tout. Dans cette affaire, on allait de surprise en surprise. À trente kilomètres au nord de Roquebrune-sur-Argens, juste derrière cette montagne vers laquelle Ligonnès s'était dirigé, se trouve l'aérodrome de Fayence-Tourrettes. On aurait pu imaginer quelqu'un venant le récupérer sur le chemin des Châtaigniers pour s'y rendre en voiture. Un pilote privé l'avait peut-être transporté quelque part. En Italie, par exemple, ou en Suisse, ce qui n'aurait laissé aucune trace car le plan de vol, obligatoire pour les petits avions type Cessna en cas d'un franchissement de frontière, n'aurait de toute façon pas été conservé plus de trois mois, délai expiré depuis longtemps puisque la police ne s'était jamais penchée sur le sujet.

Le meilleur était pour la suite. Interrogé par la police judiciaire sur son emploi du temps de sa soirée du 13 avril 2011, Michel Rétif avait d'abord déclaré avoir dîné au Mercure de Fréjus, ce qui était faux puisque son téléphone avait borné à Grimaud, puis à Saint-Tropez, et qu'il n'était rentré à l'hôtel que vers 22 h 55. Acculé par les enquêteurs, il avait d'abord répondu ne pas se souvenir puis s'était soudainement rappelé – magie de la mémoire sélective ! mon fils de onze ans possède la même – avoir rencontré en fin d'après-midi un ami, Laurent, dont la compagne habitait dans le coin, à Cogolin, et avoir dîné ensemble chez elle. On se demande bien où je veux en venir. J'y arrive. Vous ne devinerez jamais la profession de cet ami, Laurent... Roulement de tambour. Cymbale : pilote d'avion et membre de l'aéroclub de Fayence-Tourrettes ! Trompettes ! Le 13 avril au soir, alors que Ligonnès se trouvait encore dans les environs, son meilleur ami avait dîné avec un pilote habitué de l'aérodrome situé à une trentaine de kilomètres au nord de l'endroit où le fugitif disparaîtrait le surlendemain. Avouez qu'il y a de quoi creuser (sans mauvais jeu de mots).

Cependant, on n'avait pas creusé. Ni ce filon ni la piste Michel Rétif – pour rester dans les métaphores aériennes, une piste grande comme la 09L-27R de l'aéroport Roissy-Charles-de-Gaulle. On avait bien interrogé ce brave Michel sur le coup de fil de vingt-cinq minutes du 6 avril. « Quelle coïncidence que Ligonnès, qui a coupé son téléphone toute la journée, le connecte quelques minutes avant que vous appeliez puis le déconnecte juste après avoir raccroché avec vous, non ? » Réponse de l'intéressé : « Oui, incroyable, je ne comprends pas pourquoi je suis le seul à lui avoir parlé. — Pourquoi ne pas nous avoir mentionné ce coup de fil ? — Parce que j'avais oublié. — Et de quoi avez-vous parlé pendant vingt-cinq minutes ? — Je ne m'en souviens plus. » Pour le rôle, j'avais imaginé Jacques Villeret, haussant les épaules à chaque réponse, les yeux exorbités par la surprise, son costume en latex rouge et jaune de La Denrée, avant de faire *bloubloubloublou*. « Le bornage de votre téléphone nous informe que vous vous trouviez dans le Var les trois mêmes jours où Ligonnès y était. Aux mêmes endroits, aux mêmes heures.

Encore une coïncidence ? — C'est fou, je ne savais pas ! — Bon, eh bien, merci, monsieur Rétif, vous pouvez rentrer chez vous. » Et le prix du meilleur interrogatoire de police est pour…

L'audition, ou plutôt la non-audition, de Michel Rétif m'arracha presque un sanglot. Me plaignant à quelques collègues par la suite, on m'apprit que le lieutenant de l'OCRVP (Office central pour la répression des violences aux personnes) de la PJ de Montpellier qui avait pris la déposition avait entendu Michel Rétif comme témoin et n'avait disposé « d'aucun moyen de coercition ». J'en étais tombé de ma chaise.

Aucun moyen de coercition ? Récapitulons. Ligonnès connecte son téléphone le 6 avril pendant une demi-heure, reçoit justement l'appel de son meilleur ami, avec qui il parle pendant vingt-cinq minutes. Une semaine plus tard, l'ami en question quitte son domicile, direction le Var, à l'instar de Ligonnès. Pendant trois jours, les bornages téléphoniques des deux hommes se superposent. Le 15 avril, Ligonnès part pour disparaître à jamais et son ami rentre chez lui à Lunel. Mais quel juge d'instruction n'aurait pas interrogé lui-même, à coups de bottin, de fraise de dentiste ou de lit à clous, cet ami-là ? Quel juge n'aurait pas donné de moyens coercitifs aux officiers de police judiciaire pour lui sortir les vers du nez ? J'imaginais même le pauvre lieutenant de Montpellier – et Dieu sait si je compatissais puisque j'étais moi aussi lieutenant à l'époque, et originaire de

Montpellier... – concluant l'audition : « Bon, eh bien merci, monsieur Rétif, j'espère qu'on ne vous a pas trop dérangé. » On croit rêver ! Voilà la frustration que nous autres, policiers, subissons quelquefois. Car lorsqu'une information judiciaire est ouverte, c'est le juge d'instruction qui a les pleins pouvoirs et donne ses directives aux enquêteurs. Quelle était donc la stratégie du magistrat en ne mettant pas Rétif en examen ou en ne l'entendant pas comme témoin assisté ? Je l'ignore toujours.

Michel Rétif disait avoir été dans la région pour raison professionnelle. Avait-on vérifié chacun de ses rendez-vous entre le 13 et le 15 avril ? Il avait affirmé être allé rendre visite à un client à Montauroux, or, sur les trois jours, son téléphone n'avait borné à aucun moment dans cette ville – le plus près ayant été Les Adrets-de-l'Estérel, à vingt minutes de là. Avait-on examiné ses comptes bancaires à la recherche d'une grosse somme qu'il aurait retirée en espèces pour, éventuellement, la donner à un ami – au hasard, à Xavier Dupont de Ligonnès ? Avait-on examiné ses comptes bancaires à la recherche d'achats peu ordinaires au Carrefour Market du Muy ou au Leroy Merlin de Puget-sur-Argens en vue de plusieurs jours de camping ? Je n'avais trouvé nulle part de réponse à ces interrogations. Je ne comprenais pas. La BRI (brigade de recherche et d'intervention) de Montpellier avait seulement mis en place un dispositif de surveillance devant le domicile de Michel Rétif à Lunel le 25 avril. Soit dix jours après la disparition de Ligonnès ! Autant dire que ce dernier était déjà loin.

Lors de son audition du 26 juillet 2011, on le tenait peut-être, ce complice qui avait permis la fuite du grand assassin – « supposé », n'oubliez pas la piste du maçon espagnol diabolique –, en la personne de Michel Rétif. On l'avait sous la main, et on l'avait laissé échapper. Trois mois étaient passés depuis la disparition de Ligonnès, on n'aurait peut-être pas pu le retrouver, mais cela aurait été un bon départ. Qu'avait donc de si improbable le meilleur ami qui aide une dernière fois son copain ? Des épouses n'ont-elles pas fait la même chose par amour ? Des mères pour leur fils ?

Pour ma part, je pensais que Michel avait vu Xavier, j'en étais convaincu, mais cela n'engage que moi. Le flair de flic, ou d'écrivain. Lui avait-il donné de l'argent ? Peut-être pas, mais ils s'étaient vus, leur petite virée dans le Var n'était pas due au plus grand des hasards. Indépendamment de l'horrible acte que Ligonnès avait commis, c'est un sentiment grisant que d'être le meilleur ami de l'homme le plus recherché de France et d'être le seul détenteur de son secret. Mesrine devait bien avoir un meilleur ami. Et Hitler donc !

Michel Rétif mettrait fin à ses jours en 2018, sept ans après le drame, en apprenant qu'il était atteint d'un cancer incurable. Il emporterait le secret des derniers jours de Ligonnès dans sa tombe.

Mais fin 2011, à la seule lecture des PV, quelques années avant le point final de la piste Michel Rétif, j'eus envie de pleurer, dans mon petit bureau de la police nationale de Lognes. Je m'écroulai intérieurement, devant mon ordinateur du ministère de l'Intérieur, devant Adeline, ma cheffe, qui ne vit pas mon désarroi. J'eus envie d'envoyer un mail à tous mes collègues. Un dernier. Avec écrit : « Nettoyage final des moyens de communication facilement traçables. *Signé :* Le lieutenant de police Romain Puértolas. »

Finalement, je ne fis rien de tout cela.

Je rentrai chez moi, la queue entre les jambes.

Pendant plusieurs semaines, mon salon se convertit en une annexe de mon bureau de police. Lorsque je terminais mon travail à Lognes, à rédiger des notes de synthèse sur les flux migratoires à destination de notre pays, je reprenais, à la maison, mon enquête privée sur Ligonnès. J'avais déplié des cartes de France et d'Europe, collé des centaines de Post-it sur la table, gribouillé des dizaines de feuilles blanches et punaisé des photos de localisation aux murs, ce qui donnait à notre appartement un air de repaire de psychopathe en passe de tuer le président de la République.

Plus Patricia grognait et plus mon plan de travail se déployait comme le nénuphar de *L'Écume des jours* dans notre soixante-quinze mètres carrés. La maladie gagnait du terrain. Ma passion pour l'affaire devint, sans que je m'en aperçoive, une obsession.

74

Lorsque, à court de pistes, le policier se trouvait dans l'impasse, l'écrivain prenait le relais. Je n'arrêtais jamais. Dans ma tête qui n'avait pas encore conçu mon fakir, Xavier Dupont de Ligonnès occupait toute la place. Je l'imaginais se cachant dans une armoire, transporté dans la remorque d'un poids lourd en direction du Royaume-Uni ou à des centaines de mètres au-dessus de la mer, voguant dans le ciel à bord d'une montgolfière. J'étais incapable de faire la différence entre la réalité et la fiction. Mon esprit s'emballait, lançant le fugitif dans une myriade de péripéties qui tenaient plus du fantasme que de la raison pure.

J'avais réussi à récupérer des tonnes de matériel, d'hypothèses et de détails sur l'affaire. Seuls quelques blancs subsistaient. À moi de les remplir. Comme un terrassier espagnol diabolique.

Je me projetais dans l'esprit de Ligonnès, me forçant à penser comme lui. Qu'aurais-je fait à sa place une fois les assassinats commis ? Étrangement, je n'eus pas trop à me creuser la tête. J'ouvris un document Word et me laissai pénétrer par l'esprit du criminel. Mes doigts commencèrent alors à marteler le clavier de manière frénétique sous les yeux indifférents de mon épouse qui se demandait ce que je fichais encore.

Xavier Dupont de Ligonnès
(dimanche 10 avril 2011)

Xavier ne se souvient plus très bien à quel moment, et pour quelles raisons, il a commencé à détester sa femme. L'amour a fait place à la routine, puis au jugement. Agnès le critiquait plus qu'elle ne l'admirait, elle le coulait plus qu'elle ne l'encourageait. Lorsqu'on a franchi cette frontière, dans le couple, il est difficile, voire impossible, de revenir en arrière, d'être de nouveau l'homme aimé, désiré, celui de ces commencements dont Molière dit qu'ils ont des « charmes inexprimables ». On n'est plus que l'ombre de celui-ci.

Il ne se souvient pas non plus à quel moment il s'est mis à désirer qu'elle n'existe plus. Vouloir que quelqu'un n'existe plus précède toujours l'envie de tuer. D'abord, on s'en remet au destin. On espère que la personne disparaîtra d'elle-même. D'une maladie. Un cancer, c'est le plus probable. De préférence du pancréas, c'est plus rapide. Ou dans un accident de voiture. Et puis, tous les soirs, on voit l'ex-être aimé revenir du travail sain et sauf, sans même l'once d'un rhume. Je le comprends, ce doit être rageant. Mais bon Dieu, quand crèvera-t-elle donc ? se demandait Xavier. Et Agnès de rentrer des courses, toute guillerette, le narguant par sa joie de vivre, sa vivacité, ne serait-ce que sa présence, cette insolence de ne pas mourir.

Alors un jour, on échafaude des plans, on se dit qu'il faut bien faire le travail soi-même puisque le destin ne souhaite pas se salir les mains. L'envie de meurtre apparaît, se dessine, se précise. On dresse la liste de tous les moyens. Dans les films, c'est si facile. On prend un couteau et on l'enfonce dans le ventre de sa femme après une dispute dans la cuisine, ou on lui tire une balle avant de la balancer dans le lac privé de la maison. Mais dans la réalité, c'est un peu plus compliqué. Et puisqu'on ne dispose pas d'une propriété isolée avec lac et ponton privatifs, il faut bien se creuser la cervelle pour sauver sa peau. Tuer n'est pas si compliqué, après tout, ce qui l'est plus, c'est de ne pas se faire attraper. Il ne veut pas être le soûlard qui a tué sa femme un soir de beuverie et qui va se rendre à la police ensuite. Échanger une liberté durement gagnée contre la réclusion criminelle à perpétuité : non, merci, ça, c'est pour les débiles, les « cassos », lui, il ne veut pas que les soupçons retombent sur lui. Il veut jouer dans la finesse. Ce sera de la haute voltige. Un crime comme celui de cet épisode de *Columbo* où un meurtre est perpétré dans un club qui regroupe les personnes au plus haut QI de la ville. Après tout, il veut supprimer la vie de son épouse, pas la sienne. Lui, il veut vivre, quelque part, tranquille. Son désir de vivre est d'ailleurs si grand qu'il ne peut passer que par la mort des autres. Continuer son existence sans femme ni enfants, sans chaînes, libre de pouvoir tout refaire. Disons-le, une sorte de réincarnation, en quelque sorte, pour cet homme si religieux.

Le prix à payer est énorme. Il a dû étudier son affaire à fond. Le plan consistait en trois parties, trois actes, comme dans une pièce de théâtre. Préparation, liquidation, disparition. À moins que ce ne soit la vie d'une épicerie.

Il a déjà fait le plus dur : tuer. Ne lui reste plus que le dernier acte, disparaître. Pour cela, Xavier n'a pas longtemps pesé le pour et le contre. Avec son meilleur ami Michel Rétif, c'est à la vie, à la mort, comme ils disent. Et maintenant, plutôt à la mort. Dans la nuit du 3 au 4 avril, après avoir tué Agnès, Anne, Benoît et Arthur, il lui a écrit depuis la messagerie de son compte Facebook secret, Waylon Jennings (une espèce de Serge Lama avec une barbe et un chapeau), son chanteur de country préféré. « Appelle-moi le 6 avril à 21 h 45. Ne pose pas de questions. Fais-le. » Puis il a effacé les messages et supprimé le compte.

Dans la journée du 6 avril, Xavier a déconnecté son téléphone. Il ne l'a activé qu'à 21 h 40 précises. Il a attendu en priant pour que son ami appelle. À l'heure convenue, Michel a téléphoné. Ils ont parlé pendant vingt-cinq minutes. Il ne lui a rien dit à propos des assassinats. Juste qu'il doit impérativement se rendre à Roquebrune les 13, 14 et 15 avril suivants. Que lui y sera. Ils doivent se voir. Il lui faut de l'argent.

— Je t'expliquerai quand on se verra. Ce que tu peux, Mimi. Cinq mille euros serait suffisant.

Michel, alias Mimi, n'a pas posé de questions. C'est à cela que l'on reconnaît les véritables amis. Il a répondu qu'il verrait ce qu'il pourrait faire et qu'il serait dans le Var le 13 avril à midi. Ligonnès a raccroché puis a de nouveau coupé son portable pour qu'on ne le dérange plus.

Il savait qu'il pouvait compter sur Michel. Plus que sur son autre copain, Emmanuel Teneur. Manu n'est pas fiable. Xavier a buté sa chienne, il y a quelques années, et sa mère dit qu'il a une mauvaise influence sur son fils. Non, pas fiable du tout. C'est un copain d'enfance, mais c'est tout. Il lui a d'ailleurs rendu les clés de chez lui dans sa boîte aux lettres et, depuis, l'autre le harcèle d'appels et lui ne lui répond plus. Il ne se sent pas de lui mentir en face. Il s'invente des problèmes de chargeur de téléphone. Il n'aurait pas dû lui laisser la deuxième lettre, celle de « Mon vieil ami », dans laquelle il lui dit que ça va lui faire bizarre de ne plus pouvoir lui parler pendant des années. Il lui demande de boire moins et il l'embrasse bien fort. Kiss – ce dernier mot en anglais, emprunté à Agnès, est maintenant à lui, il en ponctue tous ses messages.

Ils se connaissent depuis leurs treize ans. Il sait qu'Emmanuel Teneur est amoureux de lui, celui-ci lui a déjà dit qu'il aimait les hommes et, en particulier, lui, Xav, son meilleur ami. Gêné, Xavier lui a dit que cela ne serait jamais possible entre eux, qu'ils resteraient juste des amis, les meilleurs du monde, mais pas des amants. Xavier s'en veut, il lui a tellement fait de misères. Il l'a déjà volé, même, une fois où Manu était parti en vacances en Égypte. Six mille euros qu'il cachait dans l'accoudoir de son divan. En réalité, il s'est aperçu qu'il n'a aucun respect pour lui. Il ne peut pas lui confier cet ultime secret, bien trop lourd à porter. Emmanuel est trop faible, il irait tout répéter. Il a une peur bleue de l'uniforme. Un facteur suffirait à le faire avouer.

Avec Michel, c'est différent, ils ont déjà combiné ensemble, cela a créé une confiance, une complicité toute particulière, complices dans le crime… À la vie, à la mort. C'est le moment de se le prouver. Michel, ce n'est pas son meilleur ami, c'est son frère de sang. Ils ont tout partagé. Même sa femme, Agnès. Un ménage à trois qui a duré un temps, les lettres qu'il leur écrivait à tous les deux – dont une qui commençait par « Salut, mes cochons ! », véridique – pour évoquer les positions sexuelles réalisées et celles qui restaient à expérimenter. Xavier les notait dans un tableau Excel. Xavier a toujours aimé répertorier les choses, les classer, les ordonner. C'était le bon temps, même s'il n'a jamais pardonné à Agnès de lui avoir caché au début sa relation avec Michel. C'est pour ça qu'il leur avait proposé de s'incruster dans leur plan, pour ne pas trop en souffrir. En raccrochant, il sait qu'il a eu raison de s'adresser à lui. Michel gardera son secret jusque dans la tombe. Il en est persuadé.

Ce jour-là, Xavier monte dans sa Citroën C5 garée devant chez lui, regarde une dernière fois sa maison du 55, boulevard Robert-Schuman. Les volets sont fermés. Il ne l'a jamais vue comme cela. On dirait qu'elle vient de fermer les yeux. Qu'elle est morte, elle aussi. Comme la famille qu'elle a abritée jusque-là et qui repose désormais sous la terrasse du jardin. Ils sont dans des sarcophages de tissu, il leur a dédié une petite messe à chacun, quelques prières, leur a mis des breloques dans la main, des colifichets, un chapelet, des bougies, une Vierge, pour les accompagner dans la mort, dans leur voyage, plutôt. Il a refermé une dalle sur eux. Ce sont des pharaons. Ils deviendront des momies. Cette maison est une pyramide. Un tombeau.

Xavier est exténué. Physiquement. Moralement. Pendant une semaine, il n'a pas arrêté. Les douze travaux d'Hercule. Il n'aurait jamais imaginé que cela prendrait tant de temps de clôturer une existence.

Après l'effort, le réconfort. Le moment est maintenant à la libération. Il fait soleil.

Il se sent léger comme à ses dix-huit ans, quand tout restait à faire ! Quand il n'avait pas encore foiré sa vie. Que tout était beau et possible. Quand le bonheur n'était encore qu'un projet, une belle promesse.

Il pourrait sortir par le périphérique, est puis sud, mais il préfère prendre son temps. Ce sera sa dernière visite de Nantes, son au revoir, ou son adieu, à la ville. Il parcourt le boulevard Robert-Schuman, qui devient bientôt la rue Paul-Bellamy, puis la rue de Strasbourg. Il passe devant le château des ducs de Bretagne, tourne au rond-point pour prendre le cours John-Kennedy puis rouler sur l'avenue Carnot. Il traverse une première fois la Loire, ensuite une seconde, sur le pont Georges-Clemenceau. Il passe les quartiers sud et entre sur l'autoroute A83 au niveau de la porte des Sorinières, accélère enfin.

Il file vers le Sud, rien ne peut plus l'arrêter.

Il n'y a rien de mieux que de conduire une voiture pour se sentir libre. On peut aller où l'on veut, s'arrêter quand on veut. Il adorait ça, déjà, la bagnole, quand il était commercial, mettre des kilomètres entre sa famille et lui, rouler pour oublier, pendant des heures, des jours, être seul, seul avec lui-même, son meilleur ami. Son pire ennemi aussi. Seul, loin de tous ces cons qui lui rendent la vie impossible, loin des problèmes, loin d'Agnès qui l'a trompé, qui le juge, l'humilie, loin des dettes qui le criblent. Il ne peut s'empêcher de penser à Sartre, une vieille lecture de jeunesse. « L'enfer, c'est les autres. » Seul, enfin. Repartir de zéro. Avec de nouvelles idées plein la tête.

Il met la radio. Monte le volume. Il regarde dans le rétroviseur, laisse sa vie derrière lui, bye-bye les soucis ! On efface l'ardoise.

Il ne pensait pas qu'il terminerait si tôt. Il avait prévu large. Le rendez-vous avec Michel est le 13, dans trois jours. Trois jours pour traverser la France, descendre tranquillement jusqu'à Roquebrune-sur-Argens, sans se presser. Profiter du moment. De cette liberté retrouvée.

Il dresse une dernière *check-list* mentale de tout ce qu'il devait faire avant de partir. Il s'est débarrassé du papier sur lequel il avait tout écrit. Faire ci, clôturer ça, prévenir machin, rendre les clés à Emmanuel, etc. Non, je crois que c'est bon, se dit-il. Allez, relax. Tu as fait le plus dur. Ce soir, il s'arrêtera dans un petit hôtel, s'offrira un bon petit dîner, puis un bain. À La Rochelle, pourquoi pas ? Il a toujours adoré ce coin. Et puis maintenant, il vit pour lui, il n'a plus de comptes à rendre, plus la peine d'appeler Agnès ce soir, ni demain ni jamais. Plus la peine d'envoyer des textos aux enfants. Il peut vider son esprit, profiter. Il n'a plus de chaînes. C'est un prisonnier auquel on vient de retirer les fers. La Rochelle, pourquoi pas ? Il y sera dans deux petites heures.

Il s'autorise même un sourire.

Oui, pour la première fois depuis tant d'années, il est vraiment heureux. Sans se mentir à lui-même.

Romain Puértolas
(L'enquête)

J'arrêtai d'écrire et lançai un coup d'œil à la rue, depuis la fenêtre. La nuit tombait, une femme tenait une poussette à bout de bras. Elle semblait attendre quelqu'un devant le magasin de chaussures qui se trouvait en face de chez moi, rue des Fêtes, à Belleville. Je revins à l'écran, relus le passage. La scène me parut réaliste. Pas mal pour un premier jet. Quand je posai de nouveau mon regard sur la rue, la femme avait disparu.

Un peu plus tard, au dîner, je mis Patricia au courant des dernières nouvelles.

— Comme tu as l'air intéressée par mon travail, commençai-je, j'ai décrit précisément ce qu'a fait Ligonnès les jours suivant le quintuple assassinat. Comme si j'y étais.

— Toute cette histoire va te rendre barge, me répondit-elle. Ça me fait un peu peur. J'ai pas envie que tu finisses comme lui. Enfin, disons plutôt que j'ai pas envie de finir comme sa femme.

— Ce n'est pas parce qu'on lit des polars que l'on finit par tuer des gens... Platon disait que les gens bons faisaient le mal dans leurs rêves.

— Les jambons ?

— Les gens bons. Bref. Cela signifie simplement qu'il vaut mieux écrire des horreurs que les commettre dans la vraie vie.

— Oui, mais toi, tu te mets à sa place. Et le pire, c'est que tu le comprends.

— Je le comprends, oui, mais je ne le justifie pas. Je crois comprendre pourquoi il a tué sa famille, mais ce n'est pas pour ça que je ferais pareil.

Elle ne me crut qu'à moitié.

— Et que penses-tu du fait que je bouche les trous de l'enquête avec mon imagination ?

Patricia eut ce hochement de tête qui chez elle voulait tout dire.

— Tu sais, à force d'imaginer, tu vas peut-être tomber sur la vérité.

J'adorais la formule. Pouvait-on trouver le vrai en imaginant le faux ? Dans ce cas-là, mon moi policier et mon moi écrivain n'étaient plus en concurrence. Ils devenaient complémentaires. Tout cela était fascinant.

« À force d'imaginer, tu vas peut-être tomber sur la vérité. »

Encouragé, et au plus grand désarroi de ma femme, je passai la soirée devant l'ordinateur, plongé dans mon récit. Dans la journée, j'étais le lieutenant de police Romain Puértolas, bien sous tous rapports. Le soir, je me coulais dans la peau d'un fugitif, je m'évadais de mon quotidien. J'étais Xavier Dupont de Ligonnès, Michel Rétif et tous les autres.

Michel Rétif et Xavier Dupont de Ligonnès
(mercredi 13 avril 2011)

Assis à la terrasse déserte d'un café, Michel Rétif jette un regard vers le port nautique de Fréjus qui s'étale devant eux, à quelques pas de l'hôtel Mercure où il loge depuis midi, mais il ne voit pas les bateaux de luxe qui y sont amarrés. Il est bouleversé par tout ce que vient de lui raconter Xavier. Ses beaux yeux, d'habitude turquoise, s'assombrissent comme un ciel du Nord. Ils se sont éteints au fur et à mesure du récit de Xavier.

Michel Rétif est sidéré. Mais d'un autre côté, il n'est pas étonné. Il connaît Xavier mieux que quiconque. Mieux que sa mère, une illuminée qui croit que son fils est l'élu qui les sauvera de l'apocalypse, mieux que sa sœur, aussi, qui vit trop avec sa mère pour ne pas être contaminée par ses croyances. Il sait au fond de lui que son ami est capable de chacun des actes qu'il vient de lui détailler. Et puis il y a les lettres qu'il a écrites, les SMS qu'il a envoyés aux amis de ses enfants en se faisant passer pour Arthur, Anne, Thomas. Il reconnaît là le goût pour l'organisation de Xavier.

Leur amitié dure depuis tant d'années, ils ont fait les quatre cents coups ensemble. Il sait de quoi il est capable. En 1990, ils ont financé dix-huit mois de *road trip* aux États-Unis avec leurs indemnités de chômage ou de licenciement. Xavier était un entourloupeur de première. Tous les plans étaient de lui. Michel se souvient qu'il utilisait ses sociétés en fin de vie pour se verser un salaire mensuel de cinq mille euros comme responsable commercial avant de se licencier lui-même pour ensuite pouvoir toucher de juteuses indemnités de chômage. Il fallait y penser ! Pour chaque voyage qu'ils faisaient ensemble, il inventait une combine. Son patronyme de noble permettait tous les jeux. Un coup, il s'appelait Ligonne, un coup Dupont, un coup Pierre – son deuxième prénom. Ça, c'était pour quand ils rapportaient des voitures américaines des States, qu'ils revendaient au prix fort après avoir trafiqué les plaques minéralogiques. Michel sait que la grande qualité de Xavier, qui est aussi son pire défaut, est qu'il n'a pas peur et qu'il n'a aucun respect pour rien. Il est coulé dans l'acier de ceux qui mentent par intérêt. Aucun scrupule ne peut le faire dévier de sa route. Mais là, pour la première fois, ce n'est pas une simple arnaque, un vol, c'est un quintuple assassinat.

— Et qu'est-ce que tu comptes faire, maintenant ? lui demande-t-il. Te rendre ?

Mais il sait que si son ami a tout mis en œuvre pour maquiller son crime en départ soudain, c'est qu'il ne compte pas s'arrêter là.

— Me rendre ? Ça va pas la tête ! Je me suis assez emmerdé pour qu'on croie à mon histoire.

— Ta lettre, là, c'est n'importe quoi. Jamais personne n'y croira, à ton truc de DEA, au contraire, ça va les inquiéter. T'aurais dû trouver autre chose. Et puis les volets, pourquoi tu les as fermés ? Ça va alerter les voisins, Xav. C'est une erreur. Une grossière erreur. Crois-moi. Et tu sais ce qui va arriver ? Les voisins, la famille, n'importe qui va appeler les flics, et la première chose qu'ils vont faire, c'est aller chez toi.

— Et ? Ils trouveront une maison vide !

— Tu t'entends parler ? Les flics, c'est peut-être pas des lumières individuellement, mais quand ils s'y mettent à plusieurs et qu'ils commencent à remuer la merde, eh bien, ils trouvent toujours quelque chose. Qu'est-ce que tu crois qu'il va se passer ? Qu'ils vont entrer dans la maison, dire : « Y a quelqu'un ? » en jetant deux, trois coups d'œil et puis qu'ils vont baisser les bras : « Bon, ben, y a personne, madame la voisine, mais vous inquiétez pas pour eux, s'ils vous ont dit qu'ils ont été exfiltrés par le FBI, c'est que c'est vrai… Voilà, bien le bonjour. » T'es malade ? La première chose qu'ils vont faire, c'est une perquise, dans la maison et dans le jardin. Ils vont tout fouiller. Ils vont chercher du sang. Putain, tu regardes pas les séries ? Tu m'as dit que t'avais mis les corps dans la cuisine avant de les enterrer. Ils vont trouver le sang sur le carrelage, sur le balai.

— J'ai tout nettoyé.

— Alors tout va bien, monsieur Propre ! Mais merde, Xav, ils voient le sang même quand c'est nettoyé ! Avec des ultraviolets ou je sais pas quoi. Faut vraiment que tu regardes la télé !

— Je suis en train de lire un polar qui vient de sortir, ça s'appelle *Glacé*.

— Connais pas. Mais un peu tard, si tu veux mon avis. Et les douilles ?

— Je les ai ramassées.

— Toutes ?

— Je crois.

— Tu les as comptées ?

Xavier esquisse une grimace. Il noie son regard dans son verre de Ricard encore plein.

— Je sais pas, j'étais trop pris par le truc. C'était pas le moment de faire des mathématiques.

— Y en a bien une qui a dû glisser sous un lit. Et tu crois que quand ils auront trouvé les traces de sang, ou une douille, ils vont pas se dire : « Bon, les gars, vous me sortez le bulldozer et vous me défoncez les murs, vous creusez le jardin, on part pas d'ici tant qu'on a pas trouvé la famille en or » ? Ta maison, là, dans quelques jours, ça va être *Total Rénovation*. Ça va être Valérie Damidot puissance mille !

Xavier en rirait si ce n'était pas tragique.

— Et même s'ils trouvent pas le sang, Xav, mettons qu'ils sont vraiment cons, qu'ils n'ont jamais regardé *Les Experts* de leur vie, les voisins vont dire qu'ils t'ont vu faire plusieurs allers-retours et transporter des gros sacs jusqu'à ta voiture. Ils vont éplucher tes comptes bancaires, ils vont voir que t'as acheté du ciment, de la chaux à Castorama. Pas besoin d'être chimiste ou Jamy Gourmaud pour comprendre ce que tu comptais en faire… Et là, retour au scénario d'avant, ils vont défoncer ta jolie maison. Et puis, ils vont sortir leurs super chiens. Ces bestioles te sentent un macchabée à trois kilomètres.

— Sous une chape de ciment ?

— T'es con ou quoi ? Dans les tremblements de terre, tu crois qu'ils font comment, les chiens secouristes ? Y a des tonnes de béton partout et pourtant, ils les trouvent, les corps…

Un par un, Michel détruit chaque élément de ce plan que Xavier pensait parfait.

— Merde.

Xavier finit d'une traite son Ricard, fait un signe à la serveuse pour en commander un autre. Il s'aperçoit que des gens se sont assis à la terrasse et qu'il va falloir baisser la voix ou partir.

— À peine lâchés, les Rantanplan, là, ils seront déjà en train de gratouiller ta chape de ciment sous la terrasse, tu peux me croire. Ouaf, ouaf. Et là, bingo. Ils vont tomber sur les sacs-poubelle, ils vont les sortir l'un après l'autre. Un, deux, trois, quatre, cinq. C'est con, un flic, mais ça sait quand même compter jusqu'à six. Ah ben, merde, il en manque un. Dans la famille Dupont de Ligonnès, je voudrais le père. Ben, je l'ai pas, pioche !

— Arrête tes conneries, tu me fais rire.

— Dans quelque temps, tu riras plus du tout. Même le plus débile des procureurs saura que c'est le père qui a fait le coup. Le père qui est introuvable. Le père qui est un agent secret au service de la DEA américaine…

— Tu t'y connais sacrément, dis donc.

— Je te dis, regarder des séries t'aurait pas fait de mal. Ils vont aller à ta banque. Et qu'est-ce qu'ils vont trouver, sur tes jolis comptes de la Caisse d'Épargne ? Des relevés de carte. Puisque tu m'as dit que tu n'avais même pas pris la peine de payer en cash. Une nuit à l'hôtel Le Beaulieu de Puilboreau sous le nom de Xavier Ligonne, une nuit au Première Classe de Blagnac, une nuit à l'Auberge de Cassagne, au Pontet, sous la fausse identité de Xavier Laurent, assez proche pour qu'un sous-baloche de gendarmerie fasse le rapport. Ils vont te suivre à la trace, Xav. Aussi facilement que si tu leur avais laissé des cailloux sur le chemin, comme le Petit Poucet. Ton voyage, là, c'est le guide Michelin ! J'espère que t'en as bien profité parce que c'est terminé…

La serveuse pose le verre de Ricard sur la table, prend le vide. Xavier ne peut s'empêcher de lui sourire et de la regarder s'éloigner.

— Et arrête avec les filles ! Je suis sûr qu'en venant, t'as pas pu t'en empêcher.

Xavier revoit la brune de l'Auberge de Cassagne. Il l'imagine en train de parler aux flics : « C'était un homme seul, ça a tout de suite attiré mon attention. Nous n'avons que des couples, en général, c'est un hôtel romantique… Il était très avenant, pas du tout en retrait, au contraire. Je me souviens, j'étais dans le jardin, je suis passée sous son balcon, il m'avait fait un signe. J'ai pensé que c'était quelqu'un qui était déjà venu, mais ce n'était pas le cas. Après je l'ai accompagné au restaurant, comme je fais très souvent avec les clients. Il a beaucoup parlé vin avec le sommelier. Il disait qu'il aimait la gastronomie. Quand on a su ce qui lui était reproché, j'avoue qu'on n'y croyait pas. Si c'est lui qui a tué toute sa famille, il n'avait pas du tout l'air triste, au contraire… » Xavier est assailli par l'effroi.

— Non, j'ai fait attention, ment-il. Je n'ai parlé à personne.

Mais pourquoi aurait-il dû se priver ? Il n'est pas recherché par la police. Il n'a pas à faire attention. Jusque-là, il pensait qu'on ne retrouverait jamais les corps, il s'est assez donné de mal pour qu'il en soit ainsi, mais après tout ce que vient de lui dire Michel, il en est nettement moins convaincu. Xavier croyait avoir réfléchi au moindre détail et il s'aperçoit que son beau château de cartes s'effondre. Son merveilleux plan prend l'eau. Et si, dans quelques jours, il était recherché par toutes les polices du monde entier ?

Michel secoue la tête, incrédule.

— Putain, Xavier…

Il semble s'apercevoir qu'il a, lui aussi, un verre de Ricard devant lui et le boit. Puis il ferme ses yeux redevenus bleus quelques secondes pour réfléchir sans cesser de balancer la tête d'un air dépité. À ce moment-là, Xavier, qui s'est toujours cru si intelligent, se sent l'homme le plus stupide de la terre. Que d'erreurs !

— Tu as pu avoir… ?

— L'argent ? Oui. Huit mille euros, je ne peux pas plus, Xavier. En billets de cinq cents et de cent. Plus petit, impossible.

— Je t'avais juste demandé cinq mille.

— Je te connais. Si tu me demandes cinq mille, c'est que t'as besoin de dix mille.

— Merci, Mimi. Je te rembourserai.

— On verra. Bon, et alors, c'est quoi, ton plan, maintenant ?

— Je sais pas. Je voulais te voir, et puis improviser.

— Xav, tu ne peux plus improviser, maintenant. Il se peut que les flics découvrent jamais les corps. Mais il se peut aussi qu'ils les trouvent. Là, t'as encore de l'avance sur eux, faut pas tout foirer. T'as laissé tes traces partout, et ton téléphone aussi. Maintenant, tu disparais. Tu peux plus aller dans des hôtels, tu peux pas louer un appartement, on te demanderait forcément des papiers.

— Et alors, je fais quoi ?

— Tu me prends de court, mais je viens de penser à un truc, là, tout de suite. (Il regarde sa montre.) Ça va te rappeler des souvenirs…

Affaire Romain Puértolas
(Cour d'assises de Toulouse)

— J'aimerais que vous repreniez votre récit là où vous l'avez laissé, monsieur Puértolas. Que vous nous racontiez cette première prise de contact avec M. Dupont de Ligonnès. Vous l'apercevez un matin à la terrasse de la maison voisine, jusque-là abandonnée, et vous l'invitez à boire…

— Un Ricard, dis-je.

— Vous avez dit un pastis, corrige l'avocat général.

— Oui, c'est pareil.

— Ah bon ? Pourtant, dans les bars, on vous demande toujours si vous voulez un Ricard ou un pastis.

— C'est une erreur. Le pastis est la boisson. Ricard est juste une marque de pastis. Si je vous demandais : « Monsieur l'avocat général, vous voulez une bière ou une Heineken ? », ce serait absurde, n'est-ce pas ?

— En effet. D'autant plus que je n'aime pas la bière. Bref, ce Ricard avec M. Dupont de Ligonnès ? s'impatiente-t-il.

Romain Puértolas
(La Bastide-de-Bousignac)

Xavier Dupont de Ligonnès était un grand amateur de pastis.

C'était apparu un peu partout dans mes recherches. Je m'étais intéressé à ce détail parce que je partageais la même passion. Dans un livre, j'avais lu qu'à la bonne époque, avant qu'il soit le fugitif que l'on connaît, Ligonnès avait l'habitude de boire des pastis à Draguignan avec son grand ami Michel Rétif. Dans un reportage, j'avais entendu le témoignage de sa voisine, Estelle Chapon, couturière de profession, qui affirmait l'avoir vu avec une bouteille de pastis dans la main, le jour de son départ de chez lui, le 10 avril 2011. Le soir de l'assassinat de son fils Thomas, Ligonnès avait fait quelques courses au Carrefour Market. Dans son panier, une bouteille de Ricard, entre autres victuailles pour le dîner. Enfin, dans la Citroën C5 abandonnée sur le parking du Formule 1 le 15 avril 2011, la police avait retrouvé dans le vide-poche du siège passager une bouteille de cinquante centilitres de pastis de la marque Toni (Toni ? Aïe… Un Ricard, sinon rien !).

Le pastis était partout dans cette affaire, partout dans la vie de Ligonnès. Je m'imaginais déjà lui poser des pièges à travers le monde à base de pastis. On n'attrape pas les mouches avec du vinaigre…

Pour un Espagnol, Xavier, alias Miguel, semblait posséder une bonne expérience des coutumes françaises. Or les Ibères ne connaissent pas cette boisson. Le plus ressemblant est pour eux l'Anís del Mono – « l'anis du singe » –, un digestif catalan incolore qui se boit sans eau et sans glaçons. En quinze ans passés en Espagne, je n'avais vu de bouteilles de Ricard que dans les bars de la Costa Brava, un endroit prisé par les touristes français, ou dans quelques autres lieux de la capitale madrilène. En soi, le Ricard était aussi connu en Espagne que l'Anís del Mono dans notre pays…

Quoi qu'il en soit, Miguel avait une sacrée descente de Ricard. J'avais à peine bu la moitié du mien qu'il s'était déjà resservi, avec ma permission, ponctuant ses gorgées de « Ça fait *dou* bien par où ça passe ! ». Je m'interrogeais : jusqu'à quand Ligonnès pourrait-il parler avec cet accent ridicule ? Tout cela ne l'épuisait-il pas ? À quel moment une pointe d'accent français le trahirait-elle enfin ? Mais bizarrement, cela n'arriva pas, et pourtant il ne laissa jamais un silence, parla, parla, parla, et vida la bouteille.

Il me demanda alors si j'avais une cigarette. Je répondis par la négative et il sembla déçu. En dépit de son aspect physique, qui avait quelque peu changé depuis la dernière photo de lui qui avait circulé, ce genre d'indices – je savais que Ligonnès fumait – me rassurait dans mon sentiment qu'il s'agissait bien de lui. Le pastis, la cigarette. Je le tenais. Quoi qu'en pensent les gendarmes de Mirepoix.

C'était un homme avenant, il semblait cultivé, et, décidé à le tester, je m'engageai sur un terrain que le vrai Ligonnès connaissait bien : la religion.

Dans les années 1970, sa mère, Geneviève Dupont de Ligonnès, avait fondé l'Église de Philadelphie, un mouvement qui refusait la légitimité du pape et dans lequel son fils Xavier avait une place de choix puisqu'il était « l'élu ». Elle disait recevoir des messages divins. Elle avait aussi affirmé avoir connaissance de la date de l'Apocalypse : 1995… Pour l'occasion, Geneviève avait organisé un dîner, où il ne s'était évidemment rien passé. Déception pour tout le monde, et surtout soulagement pour le fils, Xavier, qui semblait avoir compris que cette Église, désignée comme « la plus pure », censée « survivre au grand cataclysme » et qui avait survécu à 1995 – mais on avait bien survécu aux années 1980, à la coupe mulet, aux permanentes et à David Hasselhoff –, n'était qu'une lubie de plus de sa mère.

Ce groupe de prière fermé, ayant le statut d'association, officiait encore à cette époque-là, dans les Yvelines, présidé par Christine Dupont de Ligonnès, la sœur de Xavier, et une enquête judiciaire était en cours depuis novembre 2019 pour dérive sectaire et « abus de faiblesse en état de sujétion psychologique visant un mouvement d'inspiration catholique, traditionaliste, radical et apocalyptique » – vous pouvez reprendre votre respiration.

Ligonnès était très actif sur les forums religieux. Il était inscrit sur un forum catholique où il exposait ses doutes sur la doctrine chrétienne, alternant les pseudos, Chevy et Ligo, parce qu'il était régulièrement banni pour trolling et agressivité. Des stalkers, les enquêteurs du Net en quête de toutes les traces numériques laissées par un individu, avaient réussi à déterrer des méandres de la toile des messages où Ligonnès s'interrogeait déjà sur le sens du sacrifice – celui des autres, bien entendu !

Bonjour à tous,

Quelqu'un pourrait-il m'expliquer, simplement mais vraiment, pourquoi on parle toujours de « sacrifices » dans les religions, notamment la religion catholique ?

Je ne parle pas de sacrifices dans le sens de « privations volontaires », mais dans le sens « offrandes à Dieu », agréées par Celui-Ci.

En quoi Dieu a-t-Il besoin, ou envie, qu'on Lui offre la mort d'une bête, d'un enfant, d'un homme… de son Fils ?

Merci pour vos réponses.

Le dimanche 3 avril 2011, la nuit des quatre premiers homicides, un utilisateur d'iPhone, via le réseau Bouygues de la maison des Ligonnès, « supposément » le père, avait tapé à 2 h 01, soit une heure avant les assassinats, les mots « communion état péché mortel » et avait cliqué sur le lien du forum cite-catholique.org. Il n'était pas compliqué d'en déduire qu'avant de passer à l'acte, Ligonnès souhaitait juste savoir ce qu'il encourait de la justice divine. Un passage sur Légifrance lui aurait été bien plus utile : « Article 221-3 du Code pénal : Le meurtre commis avec préméditation constitue un assassinat. Il est puni de la réclusion criminelle à perpétuité. » Il aurait pu prier le restant de sa vie dans une cellule de neuf mètres carrés, dans son lit superposé, entre chaque pulsion d'un codétenu dépravé sexuel, assassin multi-récidiviste. Le bonheur. Dans une certaine mesure, je comprenais qu'il ait préféré prendre la fuite.

— Tu crois en Dieu ? demandai-je soudainement à Miguel.

Je trouvais légitime de poser cette question, après l'absorption de dix Ricard, le passage au tutoiement également. Il ouvrit cependant de grands yeux. Pendant une seconde, je crus qu'il allait même me demander : « Dieu ? C'est qui, ça ? »

— Longtemps, j'y ai cru, me répondit-il, mais *jé* t'avoue *qué* depuis quelques années, ma foi en a pris un coup.

— Et Philadelphie ?

— Quoi, *lé* fromage ?

— Non.

— *Lé* film avec Tom Hanks ?

— Non plus. L'Église.

— Connais pas.

Son sourcil frétilla une seconde, il attrapa la bouteille et se resservit puis m'adressa un sourire. À ce moment-là, j'aurais mis ma main au feu qu'il mentait.

Romain Puértolas
(L'enquête)

Pour moi, je l'ai dit, Ligonnès n'était pas parti en direction du bois de Roquebrune le 15 avril 2011, après avoir été croisé par un promeneur sur le chemin des Châtaigniers, pour s'y suicider. Qu'était-il donc allé y faire ?

Se cacher ? Cela n'avait aucun sens car à ce moment-là, il n'était pas encore recherché. Or, on ne se cache pas lorsqu'on n'est pas recherché – à partir du 21 avril, date de la découverte des corps, il devrait commencer à se cacher, mais pas avant. Et puis, Ligonnès n'était pas Rambo. Rambo, pour sa part, s'était retranché dans la montagne parce que c'était ce qu'il connaissait le mieux. Cela lui rappelait le Vietnam. Il savait comment survivre dans ce milieu hostile, comment poser des pièges. Et puis, que dis-je ? Rambo n'existe pas ! Ligonnès, lui, était comme un poisson dans l'eau en milieu urbain. Selon ses proches, il parlait espagnol et anglais sans accent, c'était un séducteur, un débrouillard. Que serait-il allé faire dans une grotte ? Jouer les Bernadette

101

Soubirous ? Son monde à lui, c'était les humains, la société. Comme le prouvait ce mail adressé à sa femme, Agnès, effacé par Ligonnès mais récupéré par un féru d'informatique sur les fichiers sauvegardés par le fournisseur d'accès Internet Free : « Je suis le contraire d'un solitaire. Je déprime dès que je n'ai pas de contacts humains. » Croyons-le sur parole.

Pourquoi aller disparaître dans une grotte quand on parle couramment trois langues ? Un polyglotte se fond dans la masse, est chez lui quasiment partout. Ligonnès n'avait certainement pas fait tout ce qu'il avait fait jusque-là pour finir dans une caverne, lui le commercial habitué à parcourir des centaines de kilomètres, à traverser la France entière, à traiter avec des clients. Comme la plupart des VRP, c'était une personne qui ne tenait pas en place, le cerveau et les jambes toujours en mouvement. Je ne pouvais imaginer Ligonnès entre quatre murs, entre quatre arbres, dans l'immobilité la plus parfaite.

Dans *Les Misérables*, un de mes livres de chevet, Victor Hugo écrit : « La police supposa que le forçat évadé [Jean Valjean] avait dû se diriger vers Paris. […] Aucune forêt ne cache un homme comme cette foule. » « Aucune forêt ne cache un homme comme cette foule »…, me répétais-je en hochant la tête, l'air faussement pensif. Ligonnès était un rat des villes, pas des champs, pourquoi donc imaginer qu'il était parti se cacher dans les bois ? Cela ne tenait pas debout.

C'est en 2016, comme je l'ai dit plus tôt, que je compris ce que Ligonnès était allé faire dans ce bois

– à la demande générale, j'abrège le suspense. Du moins, c'est à cette date qu'une explication logique s'imposa à moi. Je dis 2016 parce que Patricia, les enfants et moi – ma femme ne m'avait pas encore quitté pour cet autre écrivain, nous habitions à Malaga, je n'avais pas déménagé à La Bastide-de-Bousignac –, revenions du Décathlon après avoir acheté des gourdes et un sac à dos pour le chemin de Saint-Jacques que nous nous apprêtions à faire pendant les vacances d'août. D'août 2016, donc.

Nous roulions sur l'autoroute en direction de la maison, j'étais au volant, perdu dans mes pensées, l'affaire Ligonnès pour changer, lorsque, jetant un œil au rétroviseur avant gauche afin d'amorcer un dépassement, mon regard accrocha les montagnes désertiques qui enveloppent la ville de Malaga sur son flanc nord. Je fus aussitôt projeté mentalement contre les massifs montagneux qui s'étalent au nord de Roquebrune-sur-Argens. Qu'est-ce que tu es allé foutre là ? me demandai-je alors – enfin, demandai-je alors à Ligonnès que je voyais devant moi, se juxtaposant à la route, en train de s'éloigner du parking du Formule 1, une housse à costume contenant le fusil sur l'épaule…

Et d'un coup, ce fut comme une évidence.

Le fusil.

Ligonnès avait consacré les jours précédant sa disparition à se débarrasser de tout ce qui ne lui servirait pas dans sa nouvelle vie ou, et cela revient au même, de tout ce qui le rattachait à son ancienne vie. À

Nantes, les cadavres de sa famille, les affaires de tout le monde, les mails, les photos, les appartements, la maison, d'abord. Puis le matériel informatique. Dans le Var, l'ordinateur portable (les enregistrements vidéo du Formule 1 confirmaient qu'il l'avait le matin du 15 avril mais plus l'après-midi), le téléphone (qui avait cessé de borner le 14 avril) et enfin sa voiture, laissée en plan sur le parking comme une triste épave.

Ne lui restait plus qu'à se débarrasser de…

… l'arme du crime, bien entendu ! La .22 long rifle de son père.

Ce fusil signait sa culpabilité. C'était un aller simple pour la prison à perpétuité.

Mais on ne se débarrasse pas d'une arme aussi facilement. Hors de question de laisser le fusil dans le coffre de la C5. Il savait pertinemment que quelques semaines plus tard, la présence de cette voiture abandonnée attirerait l'attention, qu'on la mettrait en fourrière. Un passage de la plaque au fichier des immatriculations révélerait qu'elle appartenait à un certain Xavier Dupont de Ligonnès. En ouvrant le coffre, on trouverait le fusil muni d'un silencieux, ce qui ne plairait pas du tout aux agents de police. Une analyse balistique démontrerait que l'arme avait été utilisée. Une visite au domicile et une enquête de voisinage apprendraient inévitablement aux fonctionnaires que la famille avait soudainement et mystérieusement disparu, que depuis plus d'un mois plus personne ne répondait, que le père avait été vu pendant plusieurs jours en train de charger des gros sacs dans la voiture, qu'on avait même entendu des coups de feu, assez étouffés, une nuit. Un élève de troisième en stage au commissariat de Nantes aurait fait le rapprochement. On perquisitionnerait la maison, on trouverait peut-être les corps, et ce serait le début de la course-poursuite.

Ligonnès ne pouvait pas non plus balancer le fusil dans un conteneur poubelle. Il y aurait toujours un éboueur ou un clochard pour tomber dessus et peut-être l'apporter à la première gendarmerie du coin. Retour au scénario décrit ci-avant.

Que lui restait-il ? Il n'avait eu qu'à lever la tête, à moins que ce ne soit Michel qui lui ait soufflé l'idée. « T'es pas obligé de le lourder, Xav, tu peux le cacher quelque part où personne le trouvera, le récupérer un jour, peut-être. S'ils retrouvent pas les corps et que personne t'emmerde. Mais moi, je pense que c'est mieux que tu l'oublies, que tu le bazardes dans les crevasses de Roquebrune. Hop, finito. »

Pourquoi ne pas penser que ses pas avaient mené Ligonnès ce vendredi après-midi-là vers la forêt non pas pour se faire disparaître lui, mais pour faire disparaître l'arme du crime ? C'était le seul élément matériel qui pourrait un jour l'incriminer, il fallait se débarrasser de cette .22 long rifle dont il n'avait plus besoin dans sa nouvelle vie. Je n'avais lu cette hypothèse nulle part. Elle me semblait pourtant évidente. Et si l'apparition de Ligonnès le 26 avril 2011 à Lançon-Provence (nous y reviendrons) était avérée, il n'avait été vu en possession d'aucune housse, d'aucun fusil, ce qui allait dans le sens de ma théorie.

Il avait pu le balancer dans une crevasse, ou dans un lac. Le lac de la Rimade est tout de même au bout du chemin des Châtaigniers, le dernier endroit où on l'ait aperçu !!!!!! – et je mesure mes points d'exclamation. Il avait pu l'enterrer soigneusement, le cacher, parce que c'était tout de même un héritage de son père et qu'il avait pour lui une valeur sentimentale. J'étais persuadé que je tenais l'explication à son incursion dans la forêt de Roquebrune-sur-Argens.

J'avais trouvé ! Eurêka ! Sonnez hautbois, résonnez musettes !

Après, tout n'était qu'hypothèses, et le mystère s'épaississait comme les arbustes touffus vers où ses pas l'avaient guidé.

Affaire Romain Puértolas
(Cour d'assises de Toulouse)

— Bon, vous aviez retrouvé M. Dupont de Ligonnès, lance l'avocat général tourné vers les jurés alors qu'il s'adresse en réalité à moi, quelqu'un, il faut tout de même le dire, que vous aviez cherché pendant plus de dix ans ! Votre livre *Comment j'ai retrouvé Xavier Dupont de Ligonnès* en atteste.

Il brandit le livre surgi de nulle part comme un magicien sortant un lapin d'un chapeau haut de forme, le promène sous le nez des quatre hommes et des deux femmes assis dans le box.

— Vous buvez des Ricard avec lui, vous lui posez dix mille questions, vous parlez de Dieu, peut-être, mais il ne vous vient pas à l'esprit d'appeler la police ? Chose que vous dénoncez d'ailleurs dans ce même roman. Je vous lis : « Et puis, comment se faisait-il, ces mille fois où on l'avait aperçu, que pas une seule personne n'ait eu la présence d'esprit de le suivre tout en téléphonant à la police ? Pourquoi le laisser filer ? » Vous accusez les gens croyant avoir vu M. de Ligonnès un peu partout en France ou dans le monde de ne pas l'avoir suivi en appelant la police, mais vous ne le faites pas, vous non plus !

— Je... je n'y ai pas pensé.

— Vous n'y avez pas pensé ? Vous qui êtes policier ?

— Justement, un policier n'appelle pas la police...

Il se retourne vers moi et me fusille du regard. Enfin, fusille ma momie du regard, car je ne suis que bandelettes et, d'où il se trouve, il ne doit même pas apercevoir mes yeux.

— Que nenni ! Je vais vous le dire, moi. Vous n'avez pas appelé les gendarmes de Mirepoix parce que vous vouliez régler cette affaire tout seul, monsieur Puértolas ! Avec votre petit couteau à beurre !

Si nous avions été dans un film d'horreur, il y aurait sans doute eu un coup de tonnerre à ce moment-là.

Romain Puértolas
(L'enquête)

À ce stade de mon enquête – nous étions en 2016, cinq ans s'étaient écoulés depuis la disparition de Xavier Dupont de Ligonnès et le chemin de Saint-Jacques avec Patricia et les enfants s'était très bien passé, merci –, il me fallait vérifier à la première personne la faisabilité de ma théorie : Ligonnès s'était engouffré dans la forêt avec le projet de se débarrasser de son fusil.

Le 15 avril suivant, en 2017, je pris donc un billet d'avion Malaga-Nice avec l'idée d'aller à Roquebrune-sur-Argens. Je voulais me retrouver dans ce cadre, goûter la température des lieux le même jour que Ligonnès, voir l'heure à laquelle se couchait le soleil, observer le niveau de fréquentation de la zone, me mettre, d'une certaine manière, dans les chaussures du « supposé » meurtrier à cet endroit précis du Var, chercher, moi aussi, le meilleur coin pour me débarrasser de ce fusil imaginaire que je ne portais sur aucune épaule.

Arrivé à Nice, je louai une Peugeot 208 électrique. Je mis cinquante-deux minutes sur l'A8 pour atteindre le tristement célèbre Formule 1 de

Roquebrune-sur-Argens. Des hôtels connus dans le monde, il y en avait. Le Reine Elizabeth, à Montréal, où John Lennon et Yoko Ono étaient restés huit jours au lit. Le Pera Palace, à Istanbul, où Agatha Christie avait écrit *Le Crime de l'Orient-Express*. Le Raffles, à Singapour, que Kipling, Conrad et Malraux aimaient fréquenter. Et puis le Formule 1 de Roquebrune-sur-Argens…

Voilà, j'y étais. En pèlerinage sur les lieux sacrés.

Je ne vous le cache pas, je m'attendais à quelque chose dans le genre de Lourdes. Une foule de curieux amassés sur le parking attendant leur tour pour se faire prendre en photo par la caméra de surveillance qui avait été témoin de la disparition de Ligonnès (pour seulement quinze euros le cliché), ou attablés au restaurant tout proche pour commander le menu Ligonnès (à 12,49 euros, pichet de vin rouge compris). Un tour en autobus sans toit aurait permis de parcourir les derniers endroits que le fugitif avait visités. La Caisse d'Épargne, où l'on pouvait se prendre en selfie en train de retirer trente euros – ils fournissaient les lunettes et le pull noir –, et le chemin des Châtaigniers, où l'on vous prêtait une housse à costume avec un faux fusil à l'intérieur pour une photo inoubliable. On y aurait vendu des cartes postales, des porte-clés à l'effigie de Ligonnès ou des Citroën C5 bleues miniatures.

À ma grande déception – j'exagère à peine –, il n'y avait rien de tout cela. L'endroit était désert. À l'exception de cinq véhicules et d'un couple qui entrait dans le restaurant adjacent à l'hôtel, La Grignoterie.

Un jour, je ne sais plus comment, j'avais appris que Google Street View disposait d'un historique. Le logiciel affichait automatiquement les images actuelles mais il offrait la possibilité, dans certains cas, de visionner les lieux tels qu'ils étaient auparavant, chaque fois que la Google Car était passée par là. C'était comme une machine à remonter le temps. Il était donc possible de connaître les changements apportés aux images au fil du temps, de consulter chronologiquement les versions précédentes d'une carte. Une photo du passé en quelque sorte, mieux que le carbone 14. Je constatai ainsi qu'un cliché avait été pris en février 2011, soit deux mois avant la présence de Ligonnès. Puis en juillet 2011, soit trois mois après. Je ne pus m'empêcher de penser, douloureusement, que si la voiture de Google était passée le 15 avril 2011 à 16 h 10, elle aurait immortalisé l'itinéraire de l'homme le plus recherché de France. Les rues du Royaume-Uni sont bien truffées de caméras, et en cas d'incident, de vol, de meurtre, le système d'enregistrement 24 h/24 en 360 degrés permet aux agents de suivre, plusieurs jours après les faits, de caméra en caméra, de rue en rue, le braqueur de banque jusque chez lui.

Je découvris une chose vraiment étonnante : La Grignoterie, qui donnait sur le parking du Formule 1, et dont j'avais lu le nom dans plusieurs articles sous la plume de journalistes peu ou pas informés, était en réalité en 2011 L'Agora, selon un panneau bleu turquoise : un restaurant « Pizzeria, Grill, Pub, Café », qui proposait un menu à 14,50 euros, midi et soir. Fasciné, d'un clic de souris, j'étais passé de L'Agora à La Grignoterie, c'est-à-dire un bond de six ans dans le futur. Tout avait changé dans le quartier. Le Lidl de 2017 était jadis une entreprise de gardiennage de caravanes, qui reprit vie sous mes yeux. Excité, je vis ce que Xavier Dupont de Ligonnès avait réellement vu ce jour-là.

Je jetai un coup d'œil à ma montre. Elle affichait 15 h 30. Encore quarante minutes, pensai-je, et j'entrai boire un Coca-Cola à La Grignoterie.

À 16 h 10, l'heure à laquelle Ligonnès l'avait fait six ans auparavant, je sortis du parking par l'accès situé sur la droite de la façade du Formule 1, en direction du rond-point. Je le longeai et passai sous le double tunnel de l'A8 avant de tourner à gauche et de m'engager sur une petite voie goudronnée qu'un panneau nommait la « route des Châtaigniers » – que j'appellerai « chemin des Châtaigniers » pour la différencier de la route des Châtaigniers de la zone industrielle de Roquebrune-sur-Argens – et qui s'étendait vers l'ouest parallèlement à l'autoroute.

C'était là qu'un dernier témoin avait croisé Ligonnès le 15 avril 2011 quelques minutes après que la caméra de surveillance du Formule 1 l'avait perdu de vue. Il avait décrit un homme grand, brun, portant un sac de voyage et une housse à costume sur l'épaule qui, à en juger par la forme et la taille, devait contenir une carabine. C'est du moins ce qu'il avait pensé. Il ne s'était pas inquiété outre mesure. Ils se trouvaient à l'orée d'une grande étendue boisée. Le gars allait peut-être chasser, même si ce n'était pas la saison – la page Web du département du Var m'apprit que la chasse ouvre en septembre et ferme en février dans cette zone-là. Entendant ce témoignage, la police avait tout de suite pensé à la .22 long rifle que Ligonnès avait héritée de son père à sa mort, quatre mois plus tôt, que l'on tenait pour l'arme du crime et que l'on n'avait toujours pas retrouvée. Il portait un pantalon clair, un haut foncé. Oui, c'était bien lui. Il n'y avait pas de doute. Le témoin s'était retourné une dernière fois pour le voir « s'enfoncer dans la forêt et partir vers le nord », tout comme Jean Valjean en fuite s'était « enfoncé dans la terre » à son arrivée à Chelles en diligence. Sa trace – celle de Xavier Dupont de Ligonnès – s'arrêtait là. Celle de Jean Valjean, il n'y avait qu'à lire *Les Misérables* pour savoir où elle le menait. Fastoche.

Il était temps de sortir ce que j'appelais ma « carte d'état-major ».

J'avais imprimé une vue aérienne de la zone récupérée sur Google Earth. En trait continu, j'avais tracé le trajet de Ligonnès établi de manière certaine par la caméra et le témoin. En pointillé, la continuité du chemin des Châtaigniers. Ne sachant pas où précisément le dernier témoin oculaire avait croisé Ligonnès, j'avais dû déduire l'information de ses propos. Le fait qu'il l'avait vu « s'enfoncer dans la forêt » limitait les possibilités. J'avais encadré celles-ci d'un rectangle blanc que j'avais nommé secteur A – car sur le reste du chemin, il n'y avait aucune zone boisée en bordure. J'avais dessiné une flèche indiquant la direction prise par Ligonnès qui, toujours selon les dires du témoin, était parti « vers le nord ». On y trouvait une zone assez boisée et, détail intéressant, une petite étendue d'eau (je l'avais entourée d'un cercle blanc) appelée erronément « lac de la Rimade » sur Google Maps, alors que le lac de la Rimade (et celui de l'Endre) se situe à quatre kilomètres au nord-ouest de là.

Je quittai le chemin goudronné et repris mon expédition vers le nord, à travers les arbres. Je savais que l'on pouvait accéder au lac en continuant sur les Châtaigniers, mais le témoin avait dit que Ligonnès s'était « enfoncé » dans la forêt, ce qui signifiait qu'il était sorti du sentier – dans le cas contraire, il aurait dit : « Il a continué sur la route. » Je voulais essayer de revivre les sensations qui avaient été les siennes, pensant, peut-être à tort, qu'il me serait alors plus facile de deviner ce qu'il avait fait et où il était allé par la suite.

Sur la vue satellite, le plan d'eau avait la forme d'une palette de peintre, avec une petite île qui figurait le trou dans lequel l'artiste passe le pouce. L'endroit me semblait idéal pour faire disparaître une arme. Par bien des aspects, la solution de l'eau était meilleure que le simple enfouissement, ou que le fait de jeter l'arme dans une crevasse – de toute façon, les cavités de Roquebrune se trouvaient au sud de l'autoroute, à l'opposé de la direction prise par Ligonnès. Seules les cavités de la grotte de Mueron se trouvaient au nord du lac, mais à plus de dix kilomètres, et il me semblait peu probable qu'il soit allé jusque-là. En ce qui concernait la .22 long rifle, peut-être pensait-il que l'eau effacerait toute trace d'ADN, d'odeur, d'empreintes digitales, que l'arme rouillerait et deviendrait donc impossible à analyser, que plus les mois passeraient et plus la preuve du quintuple homicide, noyée dans la vase d'un minuscule lac du Var, s'effriterait et garderait ses secrets. Cela aurait été le cas trente ans plus tôt, mais en 2011, les techniques de police scientifique avaient considérablement évolué. La gendarmerie ne comptait pas moins de deux cents enquêteurs subaquatiques. Un corps noyé, une voiture immergée, une arme jetée dans l'eau recélaient des indices insoupçonnés qu'on pouvait désormais exploiter.

À partir du 29 avril 2011, plusieurs opérations de grande envergure avaient été réalisées. Une centaine de CRS, des fonctionnaires de la police judiciaire de Toulon, des gendarmes, quatre groupes cynophiles, des plongeurs, des spécialistes du secours en montagne, et même un hélicoptère de la gendarmerie muni d'une caméra thermique avaient battu la campagne et la forêt proches de l'hôtel à la recherche du cadavre de Ligonnès. Mais pas d'un fusil...

On avait élargi le périmètre. Une quarantaine de cavités avaient été fouillées dans un rayon de quinze kilomètres autour de Roquebrune-sur-Argens. Des sapeurs-pompiers, des spéléologues avaient exploré les grottes et autres failles du rocher de Roquebrune. Le Muy, La Motte, Trans-en-Provence, Draguignan, Lorgues. À ce rythme-là, ils arriveraient bientôt au Mexique...

Romain Puértolas
(La Bastide-de-Bousignac)

Au fil de la journée, nous avions vidé la bouteille de pastis et nous étions quittés dans un état déplorable. Enfin, plus moi que lui. Avant de partir, il avait eu cette phrase, sur le seuil de ma porte :

— Ça fait *dou* bien d'avoir des voisins *sour* qui compter !

Il m'avait cloué du regard, et je ne sais pas si c'est l'alcool mais j'avais pris ses paroles plus comme une menace qu'une simple constatation.

Une fois seul, je fus tenté de composer le numéro de téléphone de la gendarmerie de Mirepoix. Mais un simple appel m'aurait appris qu'elle n'ouvrait que de 8 heures à 18 heures. Si Ligonnès avait fomenté le projet de m'assassiner, il aurait été de bon ton qu'il le fasse dans ce créneau horaire là.

Je jetai un œil à la photo prise sur la terrasse. Les gendarmes ne me croiraient jamais. Et dire que j'avais eu l'homme le plus recherché de France à quelques centimètres de moi, que j'avais partagé une bouteille de Ricard avec lui ! J'aurais pu lui proposer, comme ça, innocemment, de nous prendre en selfie pour immortaliser le moment. Au lieu de cela, j'avais en ma possession la photo d'un type qui ressemblait à tout le monde. Un brin frustré mais aidé par les effets de la boisson, je m'endormis, les mains fortement serrées sur un manche de pioche.

Affaire Romain Puértolas
(Cour d'assises de Toulouse)

— C'est tout de même un peu facile de passer pour la victime alors que M. de Ligonnès n'est plus là pour se défendre ! s'exclame l'avocat général. Vous ne trouvez pas ? Vous nous affirmez que vous vous êtes endormi, la peur au ventre, les doigts serrés sur votre manche de pioche, c'est très théâtral, j'en conviens, mais pourquoi devrions-nous vous croire ? Pourquoi ne penserions-nous pas plutôt que vous étiez en train d'ourdir un plan ?

Le magistrat fait quelques pas en direction des jurés, les prend à témoin.

— Vous avez réussi à ce que votre voisin baisse sa garde. Vous avez passé un bon moment ensemble, vous avez bu… Vous l'avez fait boire, serait-il plus précis de dire.

— Pure spéculation ! lance mon avocat en levant la main en l'air.

L'avocat général se retourne, hausse les sourcils, puis il s'approche de la femme qui pianote de manière silencieuse dans un coin.

— Madame la greffière, pourriez-vous nous relire le passage où M. Puértolas propose un verre à M. de Ligonnès ?

La femme consulte ses notes :

— « Vous voulez boire un verre ? demandai-je enfin. – *Jé* dirais pas non à un petit Ricard. »

— Merci, madame. Mettez-vous en situation, dit-il en regardant de nouveau les jurés, il n'est tout de même que 10 heures du matin. En proposant ce petit verre, M. Puértolas avait donc bien une idée en tête. Soûler M. de Ligonnès pour émousser ses facultés. Dans quel but ? La mort de M. de Ligonnès nous le laisse supposer. Mais rappelons qu'il n'avait toujours pas avisé les autorités de sa découverte, ce qui en dit long. Oui, lorsqu'il s'est couché ce soir-là, M. Puértolas ne l'a pas fait avec un manche de pioche en main, mais avec un plan bien précis en tête : celui de se débarrasser de l'homme le plus recherché de France et d'en tirer tous les honneurs…

Il pivote vers moi et me lance un regard noir, si convaincant que je finis moi-même par croire à sa version des faits.

Romain Puértolas
(L'enquête)

À 16 h 26 précises, je débouchai dans une clairière, au pied du fameux lac.

Le lac…

Un choc me saisit en arrivant sur la berge.

Car…

… il n'y avait plus de lac.

Google Earth ne vous prépare pas aux surprises que l'on peut rencontrer une fois sur le terrain. La sécheresse de cette année-là avait fait disparaître jusqu'à la dernière goutte d'eau. Ne demeuraient que la cavité, les joncs secs, l'îlot dressé au milieu du plan d'eau en forme de palette de peintre. Je restai silencieux quelques instants, regardant le paysage, hébété. Je m'attendais, en venant là, à trouver une surface verdâtre, mystérieuse. Cela aurait exacerbé ma conviction que, dans le fond vaseux du lac, reposait la .22 long rifle de Ligonnès. Mais voilà que je tombais nez à nez avec un désert. Et une horrible certitude. Pas de fusil sur le sol. Pas de canon ou de crosse dépassant d'un talus de terre.

J'ignorais si les plongeurs de la gendarmerie avaient exploré ce lieu. Sur Internet, j'avais comparé quelques clichés du lac avec une vidéo où l'on voyait des hommes affublés de bouteilles d'oxygène draguer une étendue d'eau à la recherche du corps du fugitif. La flore – de hauts joncs – et la topographie correspondaient, mais aucun indice ne permettait d'affirmer qu'il s'agissait bien de mon lac. Le 29 avril 2011, quatorze jours étaient déjà passés depuis que Ligonnès avait pu venir là et le fusil avait eu le temps d'être recouvert par un peu de vase ou de terre. À présent, six ans s'étaient écoulés. Le fusil devait maintenant être inatteignable, le canon oxydé, recouvert de lichen, et ressembler à ces répliques d'épaves décoratives que l'on installe au fond des aquariums. Et pourtant, en l'absence d'eau, jamais il n'aurait été aussi facile de mettre la main dessus.

Je sautai à pieds joints dans l'immense trou. La terre était craquelée comme dans ces contrées où l'eau manque cruellement. Pas besoin de combinaison, pas besoin de tuba, pas besoin de plonger dans les profondeurs du lac, j'y étais, en chemise et en jeans. Sous mes pieds, l'arme du crime d'un quintuple homicide. Il me suffisait d'un détecteur de métal pour le trouver, et de deux jours pour draguer toute l'étendue. Deux choses dont je ne disposais pas.

Sans trop d'espoir, je parcourus quelques mètres, tous les sens aux aguets, poussai du pied quelques objets à moitié enterrés. Puis, dépité, je sortis de la cuvette asséchée.

Il était 16 h 35. Dix minutes étaient passées. Je n'avais croisé qu'un joggeur et deux femmes promenant leurs chiens. Comme je l'avais imaginé, l'endroit était peu fréquenté et Ligonnès aurait facilement pu se débarrasser de son fusil sans être vu.

Bien, et maintenant ? me dis-je. Qu'avait-il fait ensuite ?

Il faisait encore jour. Le soleil ne se coucherait que vers 20 heures. Mais on n'entamait pas un long voyage à 16 h 35. À cette heure-là, on se demandait plutôt où on allait passer la nuit. On savait que Ligonnès n'était jamais revenu au Formule 1. Quel avait donc été son mouvement suivant ? Où avait-il dormi, bon Dieu ?

Je dressai dans mon esprit une nouvelle carte. Celle des possibilités. C'était tout ce qu'il restait. Tout ce qu'il me restait. Des possibilités, des hypothèses.

Je les numérotai de 1 à 5.

En 1, une immense étendue désertique au nord-ouest, peu encourageante. Que serait-il allé y faire ? En 2, un grand massif montagneux, tout de même assez éloigné du lac et qu'il n'aurait peut-être pas atteint avant la nuit. En 3, une agglomération. En réalité, la partie nord de Roquebrune-sur-Argens, qui s'étendait au nord, au sud et au sud-est du Formule 1 comme les tentacules d'une pieuvre. Là aussi, quel intérêt de s'y rendre ?

Il y avait cependant d'autres options. Xavier Dupont de Ligonnès avait pu revenir sur ses pas. J'imaginais les enquêteurs, perplexes devant ce massif montagneux au loin recelant des milliers de grottes, de cavités, autant de cachettes pour le fugitif. Mais si l'un d'eux avait pu s'élever un peu dans les airs et regarder derrière lui, qu'aurait-il vu ? Une immense étendue d'eau nommée mer Méditerranée, à seulement treize kilomètres de là. Fréjus, son port, ses bateaux qui donnent des envies de liberté. Fréjus, où Michel Rétif avait passé trois jours entiers en avril 2011… J'avais noté cette possibilité en 4 sur mon plan, même si je ne pensais pas que Ligonnès était parti en bateau. Aucun ferry ne desservait Fréjus, que je sache, aucune grande ligne pour l'Italie, la Grèce ou l'Espagne. Cela aurait forcément été un voilier particulier, une embarcation à moteur, même si, selon ses proches, Ligonnès n'avait pas du tout le pied marin. Il lui aurait fallu des complices, des vivres pour plusieurs jours, bref, cela aurait demandé de la préparation. Pourquoi pas, après tout ? Je ne devais négliger aucune piste. Cependant, je penchais plus pour la dernière, la 5 : Xavier Dupont de Ligonnès était revenu sur ses pas et avait pris un autre véhicule. Un véhicule dont je m'apprêtais à découvrir la nature.

Mais pour l'instant, je rentrais bredouille à Malaga. Face au mutisme cruel de la réalité, il me restait toujours l'imagination.

Dans l'avion, je m'empressai d'écrire.

Michel Rétif
(jeudi 14 avril 2011)

Michel est avec son client, aux Adrets-de-l'Estérel, lorsque son portable sonne. Il reconnaît immédiatement le numéro de téléphone prépayé qu'il a passé à Xavier la veille à Fréjus avant de le quitter. Il s'excuse et sort dans le jardin.

— Alors, la surprise te plaît ?

— Le camping-car ? s'exclame son ami à l'autre bout du fil.

Michel a garé le véhicule avec les clés sur le pare-soleil à côté d'un concessionnaire nommé 4 × 4 Autos Loisirs, sur une petite aire de stationnement en bordure de la DN7.

— T'as bien vécu neuf mois avec Agnès et les gosses dans un camping-car aux États-Unis, non ?

— Je pensais trouver un *jet* privé !

Michel éclate de rire.

— J'ai failli ! Hier soir j'ai dîné avec Nuts, tu sais, Laurent, mon pote pilote, et sa copine. Il vole pas mal depuis l'aérodrome de Fayence-Tourrettes. Je lui ai laissé entendre que j'avais un copain intéressé pour faire un petit tour discretos en Suisse ou en Italie. Mais pour la traversée d'une frontière, il faut un plan de vol. Et il faut donner tes papiers. Tout ça laisse des traces. Alors j'ai pensé à autre chose.

— Y avait pas plus vieux ? persifle Xavier.

C'est vrai, pense Michel, c'est un vieux modèle des années 1990, mais au moins ça n'attire pas autant l'attention qu'un flambant neuf. Et puis, c'était le moins cher. Quatre mille cinq cents euros. Cela laisse tout de même trois mille cinq cents euros à Xavier.

— Bon, le camping-car, c'est pas mal aussi, se radoucit Xavier. On avait adoré, avec Agnès. Et puis, ça me rappellera quand toi et moi, on voyageait dans le break, aux States. Dormir chaque soir dans un endroit différent.

— Là, c'est mieux, t'as pas à monter la tente !

— Yes.

Michel s'est rendu chez le concessionnaire de Roquebrune, hier, à 17 h 30, après avoir laissé Xavier devant le Mercure de Fréjus. Il a préféré faire la transaction lui-même. Si un jour la police découvrait les corps et qu'on passait la photo de son ami 24 h/24 à la télévision, le vendeur pourrait le reconnaître. Il dirait que Ligonnès lui a acheté un camping-car. Il donnerait même l'immatriculation, et adieu. Avec ça, en moins de deux heures, ils l'auraient retrouvé. Michel, lui, personne ne s'en souviendrait.

— Et je fais quoi maintenant ? Je me tire à l'étranger ?

— Pas forcément. Y a de bons coins à Roquebrune. Et puis si jamais il se passe quelque chose, hop, tu peux partir quand tu veux. À l'étranger, comme tu dis. Espagne, Italie, y a plus aucun contrôle aux frontières terrestres maintenant. Alors que les avions et tout ça, faut même pas y penser.

Michel fait les cent pas dans le jardin de son client, jette de temps en temps des coups d'œil à la fenêtre, le voit, à l'intérieur, occupé à regarder les dossiers qu'il lui a apportés, à mille lieues de se douter de ce que manigance le commercial.

— T'as plus qu'à vérifier les niveaux sur le camping-car, reprend-il, à faire des courses et puis tu disparais un temps des radars. T'es en sursis. Il se peut qu'ils trouvent pas les corps et que t'aies jamais d'emmerdes. Mais il se peut qu'ils les trouvent, dans un mois, deux mois, dix ans, et ça te retombera forcément dessus. T'es en sursis, Xav, un putain de sursis. Tu pourras jamais être tranquille.

Son ami ne dit rien à l'autre bout du fil.

— Bon, maintenant faut que tu te débarrasses de ta bagnole. Sur un parking. Y a un Formule 1 à côté de 4 × 4 Autos Loisirs. Tu vas réserver une chambre, tu dors là-bas cette nuit, le temps de mettre le camping-car en condition, tu te fais voir un peu, tu payes avec la carte bleue. Si jamais un jour on te recherche, ce sera la dernière piste que tu donneras. La dernière fausse piste. Tu gares le camping-car sur le chemin des Châtaigniers, hors des faisceaux des caméras de surveillance, et tu le laisses là-bas cette nuit. Et puis tu me bazardes ton téléphone. Une fois que c'est fait, tu m'envoies un mail. N'importe quoi. Je comprendrai qu'on ne peut plus communiquer avec toi. Tu mets Ludo aussi en copie, histoire qu'on ne dise pas qu'il y a que moi qui l'aie reçu, ça fera plus naturel si jamais un jour il y a une enquête. Après, tu te barres dans ton camping-car et tu vis en Robinson.

Il se tait, c'est probablement la dernière fois qu'il entend la voix de son ami.

— Bon, Xavier, je crois qu'on va pas se revoir avant un bon bout de temps. Je t'aime, frangin. Prends soin de toi.

— Merci, Mimi. Merci mille fois. Je t'aime, moi aussi.

— Putain, merde, Xavier, s'exclame alors Michel, mais pourquoi t'as fait ça ?

— Quoi ?

— Fermer les volets de la maison. Ça va alerter tout le voisinage…

Romain Puértolas
(L'enquête)

Je vous vois déjà venir avec vos gros sabots,
enfin, avec vos grosses Nike. Vous vous dites : mais
qu'est-ce que c'est que cette histoire de camping-car ?
Qu'est-ce qu'il est encore allé nous chercher de derrière les fagots ? Qu'est-ce qu'il a encore inventé
avec son imagination foutraque ? Non, je n'invente
rien. Enfin, si peu. Mais… bon, jugez donc par vous-
même.

À mon retour de Roquebrune-sur-Argens, je continuai l'enquête, cette fois-ci sur Google Earth. Il suffisait de taper les mots magiques, d'enclencher la vue
satellite, d'attraper le petit bonhomme jaune dans ma
main de géant et de le relâcher pour me retrouver,
comme par magie, sur le parking où Xavier Dupont
de Ligonnès avait été vu pour la dernière fois.

J'avais l'impression d'avoir été téléporté là. Débous-
solé comme un extraterrestre fraîchement débarqué
sur Terre, je regardai à droite, à gauche, opérai un tour
de 360 degrés et me mis en marche, avec mon curseur,
vers le chemin des Châtaigniers comme je l'avais fait

en vrai quelques jours auparavant. Il suffisait pour cela de longer le rond-point, de passer sous le double tunnel de l'A8 et de tourner à gauche.

Ceux qui ne pensaient pas que Ligonnès était vivant disaient : « Mais il faut de l'argent pour partir en cavale ! Or, il n'en avait pas ! Tous ses comptes étaient dans le rouge ! » Comme si l'on n'avait jamais vu de clochards ou de bandes de jeunes punks anarchistes. Comme s'il n'y avait pas, plein les rues, des gens sans argent qui survivent pendant des années. Comme s'il n'y en avait pas qui prennent le train, qui voyagent sans billet, et que je retrouve quelquefois en première classe avec moi !

Carrex, l'un des personnages de *Disparu à jamais*, avait cette réplique : « D'après toi, ton frangin n'avait pas de ressources pour se cacher, mais on n'a pas besoin de ressources. » Il continuait : « Regarde les fugueurs qu'on rencontre tous les jours. » Chose à laquelle Will répondait : « Ils ne font pas l'objet d'une chasse à l'homme internationale. » Carrex portait le coup de grâce : « Tu imagines que tous les flics du monde se réveillent le matin en pensant à ton frère ? » Dans tous les journaux, on pouvait lire que Ligonnès était « recherché activement par la police. » C'était faux. La police française – et j'étais bien placé pour le savoir – ne possédait pas les ressources et les effectifs nécessaires, pas plus que les pistes, pour une recherche active pendant six ans. La police attendait désormais que Ligonnès commette une erreur, dans une gare, un aéroport, que quelqu'un le reconnaisse quelque part. Désormais, Ligonnès était recherché « passivement » par la police.

Et puis, de l'argent, qui dit que Ligonnès n'en avait pas ? Pourquoi toujours se trimballer avec ce « sac de voyage noir » – capté par les caméras – si ce n'est parce qu'il y avait de l'argent dedans ? Plus que des slips ou des chaussettes, de l'argent en espèces dont il ne souhaitait pas se séparer, de l'argent peut-être donné par son grand ami Michel Rétif. Ou de l'argent qu'il aurait retiré petit à petit les mois précédant le drame en vue de son départ. C'était une option à ne pas négliger.

Isabelle, une bêta-lectrice, comme on dit, de tous mes romans, travaillait en 2017 à la Caisse d'Épargne (banque des Ligonnès) et avait pu consulter les comptes de la famille. Je la sensibilisai à la possibilité qu'il ait retiré de l'argent durant plusieurs mois avant le drame afin de se constituer une réserve secrète d'espèces, mais elle me répondit :

— Non, je n'ai malheureusement pas remarqué de retraits suspects mais ça ne veut pas dire grand-chose. Il a très bien pu retirer par tranches de cinquante ou de cent euros pour se faire une « cagnotte » sans que je m'en rende compte. Il y a bien eu ce genre de retraits, mais très aléatoirement, et ça colle avec une utilisation classique de compte chèque. En général, du moins. Parce que, dans mon cas, par exemple, cela aurait été anormal. Je ne retire jamais d'espèces. Cependant, si je commençais assez tôt, je pourrais me constituer un matelas sans éveiller les soupçons.

Je n'ai pas pu remonter sur plusieurs années comme je l'aurais voulu parce que les interrogations de ses comptes déclenchent systématiquement une alerte auprès de notre sécurité…

Ce n'était pas ainsi que les candidats au divorce procédaient ? En retirant de petites sommes en amont du procès afin de ne pas avoir à partager entièrement les biens ? Donc de l'argent, il en avait. Soit.

Je fis des tours et des tours sur la rocade de Roquebrune-sur-Argens grâce à Google Earth. Je partais du parking du Formule 1 et j'avançais au gré du curseur de ma souris. Je commençai à m'intéresser aux commerces qui fleurissaient dans la zone industrielle environnante. Force était de constater qu'il y avait énormément de concessionnaires automobiles. De nombreux panneaux affichaient ACHAT-VENTE CASH ! Je savais que Ligonnès avait laissé sa Citroën C5 sur le parking avant de disparaître. Mais pourquoi n'aurait-il pas acheté un autre véhicule ? Nous étions au paradis de l'acheteur de voiture. Le paradis du fugitif. Pourquoi d'ailleurs n'avait-il pas vendu la sienne, au lieu de l'abandonner ?

Avec mon petit bonhomme jaune, j'arpentai les alentours, focalisant mon attention sur les vendeurs d'automobiles d'occasion. RLV Auto, One Car 83, Cayron gardiennage de caravanes, autant d'entreprises qui avaient périclité. Un commerce attira cependant mon attention : 4 × 4 Autos Loisirs. Depuis la route, la DN7, on pouvait voir les 4 × 4 alignés les uns à côté des autres comme un collier de couleurs. Puis…

Trois camping-cars.

Quel choc ! C'était exactement ce que j'avais imaginé dans l'avion, à mon retour de Roquebrune-sur-Argens. Michel Rétif avait raison : quoi de mieux qu'un camping-car pour partir sur les routes sans avoir à dépenser de l'argent dans des hôtels ? Quoi de mieux qu'un camping-car pour vivre retiré un temps dans les bois ? Pour traverser les frontières sans trop éveiller l'attention ? Quand on part avec une somme d'argent limitée (ce qui était le cas de Ligonnès), on évite de la dépenser inutilement dans des hôtels alors que l'on peut dormir dans une voiture, à la belle étoile ou dans un camping-car. Et on la garde pour acheter à manger et à boire, c'est-à-dire pour satisfaire ses besoins les plus primaires. Je ne voyais pas Ligonnès chasser le gibier dans le Var avec sa .22 long rifle, qu'il n'avait d'ailleurs déjà plus.

Ils étaient au bout du terrain. Deux grands blancs assez modernes, un petit beige d'un design obsolète. Pas mal, pensai-je. Voyons voir si l'un d'entre eux a été acheté… Je cliquai sur juillet 2011. La même image apparut, les camping-cars au bout du terrain, mais pas le beige. Mon cœur battait à présent à un rythme de samba endiablée. Je cliquai encore. Les deux camping-cars blancs étaient toujours là. En septembre 2012, en juin 2013, en juin 2016, en septembre 2016, chaque fois que la caméra de la voiture Google était passée devant.

Je ne pouvais me résoudre à y croire, ce ne pouvait pas être aussi simple, mais, coïncidence ou pas, le petit camping-car beige, lui, n'était jamais reparu.

Selon moi, c'était maintenant clair. Après s'être débarrassé de son fusil dans le lac, Ligonnès était revenu sur ses pas puis avait de nouveau traversé l'A8, cette fois-ci en sens inverse, et avait longé la DN7 jusqu'à 4 × 4 Autos Loisirs pour y récupérer son joli petit camping-car beige qui l'y attendait depuis le début d'après-midi.

Je fis une capture d'écran du véhicule, l'imprimai et me rendis dans le salon où ma femme lisait un roman de ma concurrence.

— Au fait, tu as des nouvelles de ta mère ? me demanda-t-elle en me voyant.

Je m'étais fâché avec elle l'été précédent.

— J'ai autant de nouvelles de ma mère que de Xavier Dupont de Ligonnès, lui répondis-je, certain que je pouvais faire de cette phrase un tee-shirt ou un bandeau de livre.

Patricia sourit et haussa les épaules, puis elle jeta un coup d'œil à la feuille que j'avais imprimée.

— Tu veux partir en vacances ? me dit-elle. Celui-ci me paraît un peu vieux…

Elle acheva sa phrase sur un ton très doux, patiente, désireuse de ne pas me blesser. Je n'étais pas du genre à prendre des initiatives pour les voyages – ma vie professionnelle m'offrait déjà tous les voyages dont je rêvais – et elle dut se dire qu'il ne fallait pas qu'elle fasse la difficile. Je lui expliquai ma théorie, le résultat de mes recherches. Le camping-car apparaissait sur Google Earth en février 2011, il n'y était plus en juillet 2011.

Flegmatique, elle avança une autre hypothèse :

— Il a pu être acheté avant l'arrivée de Ligonnès. C'est une photo de février 2011 et il a disparu dans le coin fin avril.

— C'est vrai, dis-je en secouant la tête. Et il a pu être acheté après son départ. Mais aussi pile le 15 avril 2011, par Ligonnès. J'y crois dur comme fer.

— Et qu'est-ce que tu vas faire ?

Je conduisis Patricia jusqu'à l'ordinateur et lui montrai l'écran sur lequel apparaissait la pancarte de l'entreprise. 4 × 4 Autos Loisirs. Tél. : 04 94 83 44 44. Fax : 04 94 45 87 05. Sans grand espoir, je décrochai mon portable devant elle et appelai. Une voix métallique m'informa que ce numéro n'était plus en service actuellement.

J'entrai le nom de l'entreprise et le lieu sur Google, appuyai sur la touche Entrée en pensant que la société avait pu déménager. Ils avaient peut-être fermé sur la route nationale 7 mais s'étaient réimplantés dans quelque autre zone de Roquebrune. Le nom de l'entreprise apparut. À côté de « Fermé de manière permanente ». Patricia haussa une nouvelle fois les épaules et regagna sa place sur le divan sans dire un mot.

Ce soir-là, il plut dans mon cœur et, non satisfait par la réalité, je poursuivis le récit des aventures de Ligonnès dans la fiction.

Xavier Dupont de Ligonnès
(jeudi 14 et vendredi 15 avril 2011)

Après sa conversation téléphonique avec Michel, Xavier monte dans la cabine du camping-car beige et roule jusqu'au chemin des Châtaigniers. Tout au bout, il découvre une file de caravanes en bord de route. Il se gare à proximité. Ici, il est juste un de plus.

La première sensation qui l'assaille en ouvrant la porte latérale de l'arrière du camping-car est l'odeur de renfermé. Mais sinon, c'est pas mal : un salon avec une table et deux banquettes, un minuscule coin cuisine où il pourra faire chauffer des plats, un W-C, un lit en mezzanine. Il sait exactement ce qu'il doit faire. Vérifier la pression des pneus, faire le plein d'essence, remplir le réservoir d'eau potable, acheter du produit pour les toilettes sèches. Tout cela ne s'oublie pas, c'est comme la bicyclette.

Xavier inspecte le véhicule pendant plus de deux heures. À 13 h 15, il part à pied sur le chemin des Châtaigniers, vers l'est, repasse sous l'autoroute et longe la zone industrielle, où il tombe bientôt sur le concessionnaire 4 × 4 Autos Loisirs où il a laissé sa voiture.

Il monte dedans et parcourt le quartier à la recherche d'un endroit où manger quelque chose. Sur la DN7, il repère une publicité pour un Buffalo Grill – son restaurant favori – à Puget-sur-Argens et en prend aussitôt la direction. Il se gare bientôt sur le parking devant un établissement en bois blanc semblable aux demeures de Louisiane. Un grand panneau annonce en lettres rouges : LES PETITS, C'EST GRATUIT et il se demande s'ils se réfèrent à l'âge ou à la taille. Ce serait marrant qu'un nain leur fasse un procès parce qu'ils l'ont fait payer. Il commande une entrecôte avec des frites. Il règle en espèces afin de ne pas laisser de traces et s'aperçoit qu'il ne lui reste plus que deux euros. Il faudra qu'il retire. Même s'il a un sac de voyage rempli de billets dans le coffre, il ne peut s'empêcher de penser que cela attirerait l'attention de sortir un bifton de cent balles pour acheter un pain au chocolat.

À 15 h 30, il se gare sur le parking du Formule 1 que lui a conseillé Michel, réserve une chambre pour une nuit. Il se repose et sort de nouveau pour aller faire un tour au centre-ville. À 17 h 15, il retire trente euros dans une Caisse d'Épargne, enlève la puce de son téléphone, la jette dans une poubelle et balance le portable dans une autre cent mètres plus loin. Avant de rentrer au Formule 1, il fait un petit détour par le chemin des Châtaigniers afin de s'assurer que le camping-car est toujours là. Rassuré, il va à l'hôtel et y passe la soirée avec ce roman qui vient de sortir, *Glacé*, d'un auteur que personne ne connaît et qu'il trouve, ma foi, pas mal.

À 20 h 32, il se connecte à Internet et, depuis son adresse contact@laroutedescommerciaux.com, envoie un mail à Michel (Ludovic en copie) afin de lui signifier comme convenu qu'il n'a maintenant plus de téléphone et qu'il s'apprête à être injoignable par tous moyens numériques. Il écrit ce petit texte : « Nous procédons au nettoyage final des moyens de communication facilement traçables de la famille prise en charge par nos services. Nous constatons qu'une mauvaise idée a été émise concernant le site qui est à la source de cette prise en charge : il n'aurait jamais dû vous être transmis. Cela représente un risque potentiel pour vous : nous l'avons effacé. » Il écrit également à Christian, à qui il a demandé d'administrer le site en son absence. Après quelques minutes de réflexion, il pense que c'est finalement une mauvaise idée que Christian reprenne La Route des commerciaux, il vaut mieux effacer toute trace de son passage sur Terre. Il lui écrit de nouveau pour le lui spécifier et lui demander, au cas où il aurait fait une copie du site, de ne pas la remettre en ligne. L'instant d'après, il supprime ses messages, ses photos, ses adresses électroniques et referme son ordinateur portable en souriant. Ça y est, nous y sommes, pense-t-il. Il a disparu du monde numérique. Ne lui reste plus qu'à disparaître du monde réel.

Xavier se rend à la fenêtre et observe, rêveur, le rond-point des Quatre Chemins, dont les sorties desservent Le Muy, Fréjus, Saint-Tropez, les gorges du Verdon, et enfin Nice puis l'Italie.

Une certaine tristesse s'est emparée de lui. Cela lui arrive depuis quelques jours. Un instant il est euphorique, il pense à cette nouvelle vie qui s'ouvre à lui, sans le poids d'une famille, d'une femme qui le juge, sans la menace des dettes qu'il a contractées auprès d'inconnus ou d'amis, une renaissance où tout redevient possible, un *reset*, un *reboot*, une bouffée d'oxygène ; l'instant d'après, il est assailli par ses démons, les images de sa femme et de ses enfants qu'il abat de deux balles pendant la nuit, qu'il transporte, un par un, jusqu'à la cuisine puis au jardin, qu'il glisse dans des sacs-poubelle et qu'il asperge de chaux vive, les images d'horreur qui ne le laissent plus dormir dans la pénombre, l'idée oppressante de la prison, des flics qui le cherchent, alors que personne n'est encore à sa poursuite. Il dort la lumière allumée dans ces chambres d'hôtel impersonnelles, sordides. Il se sent seul, si seul. Et en même temps, il se sent observé par des fantômes. Le fantôme d'Agnès, qui continue de le juger depuis l'au-delà, de manière plus brutale encore, car il l'a assassinée froidement, elle et leurs quatre enfants qu'il aimait tant. Il entend parfois son masque respiratoire résonner dans la chambre en pleine nuit, telle l'oppressante respiration de Darth Vader, et se réveille, en nage.

Ne pas penser aux gosses, se dit-il. Non, ne pas penser à eux. Parce que s'il y pense trop, il sait qu'il sortira la .22 long rifle de son père qui attend calmement dans cette housse à costume noire posée sur le lit et qu'il se tirera une balle dans la bouche pour en finir, dans cette affreuse chambre de Formule 1 au bord de l'autoroute. Pour ne plus les voir. Pour ne plus les pleurer. Pour ne plus penser que ce qu'il leur a fait est horrible, indigne d'un père. Un père protège ses enfants. Un père ne les drogue pas avant de les abattre d'une balle dans la tempe.

Mais s'il se suicide, il aura fait tout ça pour rien. Il aura gâché cette deuxième chance qui lui est donnée aujourd'hui et qu'il compte bien saisir. Parce qu'il l'a méritée.

Le lendemain, il se réveille un peu avant huit heures, il descend prendre un café au distributeur automatique puis remonte bouquiner et s'assoupit de nouveau. Vers 10 heures, il prend la housse à costume dans laquelle se trouve son fusil, sa sacoche d'ordinateur et son sac de voyage avec de l'argent dedans. Des liasses de billets, comme dans les films. L'argent donné par son ami Michel Rétif. Il sort sur le parking et monte dans sa voiture, direction le Carrefour de Puget-sur-Argens.

Il fait quelques courses, paye en espèces. Nourriture, eau, papier hygiénique, cahier et stylo, une carte Michelin de la France et une autre des Bouches-du-Rhône et du Var. Il mange un morceau devant le Carrefour puis retourne au camping-car avec tous ses achats. Il efface toutes les données du disque dur de son ordinateur portable puis va le jeter dans une poubelle avec la sacoche. Ensuite, il se met à la recherche d'une aire de service, en trouve une dans un camping au sud-est de Roquebrune-sur-Argens, en direction de la mer. Là, il contrôle la pression des pneus, remplit le réservoir d'eau potable. Puis il fait le plein dans la première station-service qu'il trouve sur son chemin. À 16 h 05, il arrive sur le chemin des Châtaigniers, laisse le camping-car et remonte dans sa Citroën, qu'il va garer sur le parking du Formule 1. Devant lui, le restaurant L'Agora affichant un plat du jour à 8,90 euros. Le toit est en tuiles et il y a un palmier. Avec un peu d'imagination, on se croirait presque devant un motel californien. Si seulement c'était vrai. Il adorerait être là-bas. Plutôt qu'ici.

Il regarde sa montre, il est maintenant 16 h 10.

Bien, le fusil, maintenant. Il ne pourra pas recommencer une nouvelle vie avec cette arme maudite qui porte en elle le souvenir de ce qu'il a fait. Il ne pourra oublier que lorsqu'il s'en sera débarrassé. Elle est le dernier poids, la dernière chose qu'il reste de cette vie dont il ne voulait plus.

Il ouvre le coffre, en sort la housse à costume dans laquelle se trouve son fusil, prend son livre et son sac de voyage. Il sait qu'une caméra le filme au-dessus de lui mais ce n'est pas bien grave. Il referme le coffre. Au loin, il peut apercevoir la cime des arbres. Après la forêt, il sait qu'il y a une étendue d'eau, ce sera le tombeau parfait du Rifle de son père. Ensuite, il reviendra sur ses pas prendre le camping-car et il partira loin d'ici.

Quelques minutes plus tard, il est assis au volant du véhicule. Il étudie sa carte Michelin de la France. Il est tenté de partir en Espagne. La France, il connaît déjà assez bien et chacune de ses affaires y a été un fiasco. Peut-être que l'Espagne lui portera chance. Il lève les yeux vers les arbres, ne voit pas plus loin que quelques mètres. C'est vraiment un joli endroit. Pourquoi ne pas y passer un peu de temps avant de partir ? Profiter de la nature avant de retrouver le tumulte d'une grande ville. Barcelone, peut-être. Assez loin de la France mais assez près aussi. Un bon compromis, un bon départ. Nous sommes vendredi. Il passera le week-end dans le Var puis partira en direction de l'Espagne lundi, ou mardi. Après tout, il n'est pas pressé. Profite, pense-t-il. Pour une fois que tu n'as plus de comptes à rendre à personne. Ni à ta femme ni à tes enfants, ni aux amis ou à la famille. Pour une fois que tu peux vivre pour toi, faire ce qui te chante, manger à l'heure qui te chante, ne pas manger si ça te chante, ne plus prendre de douche. Profite !

Il saisit la carte des Bouches-du-Rhône et du Var et, de son index, tente de trouver sa localisation. Roquebrune, la rocade, l'A8, le rond-point, les Châtaigniers, le Grand Vallat. OK, je suis là. Si je veux monter un peu plus dans la montagne, il me faut revenir et prendre la route de Marchandise qui va vers le nord, passer l'agglomération de La Bouverie et me perdre sur les chemins en direction du pic de Castel Diaou, là où il n'y a que du vert foncé sur la carte. Un bon petit week-end en pleine nature en perspective, pense-t-il en se frottant les mains et en démarrant le camping-car.

Romain Puértolas
(L'enquête)

À l'été 2017, Patricia, les enfants et moi étions partis quelques jours à bord d'un camping-car de location dans le parc naturel de la sierra de Grazalema,
au nord de Gibraltar. C'était la première fois que je
voyageais dans ce type de véhicule, synonyme pour
moi de totale liberté. Un jour, nous restâmes coin-
cés dans la ruelle d'un village, dont nous ne pûmes
nous dégager qu'à force de manœuvres et avec l'aide
de tout le voisinage, une brochette de petites vieilles
qui me faisaient de grands signes et hurlaient dès que
les roues du mastodonte se rapprochaient dangereu-
sement de leurs pots de fleurs. Je pus aussi constater
à quel point les camping-cars n'étaient pas les bien-
venus. Je pensais pouvoir me garer dans n'importe
quel coin de verdure, dormir au milieu de la forêt,
me réveiller sur un rocher avec une vue époustou-
flante sous notre nez. Il n'en fut rien. Les panneaux
« *Prohibido autocaravanas* » (camping-cars interdits)
se dressaient de toutes parts comme les pins syl-
vestres. Pourquoi ? Parce que pendant des années,

des connards avaient balancé leurs poubelles dans les buissons, vidé leurs eaux usées au pied de chênes centenaires, jeté leurs mégots de cigarette sur des tapis de feuilles sèches. Résultat, impossible de passer la nuit en pleine nature – ce qui me semblait un peu le but du camping-car –, et les seuls emplacements mis à notre disposition étaient des aires de parking en sortie de village, à partager avec une vingtaine d'autres caravanes, leur musique, leurs enfants qui braillent, leurs culottes et soutiens-gorge qui pendent à leurs fenêtres, leurs chiens qui aboient toute la nuit. Ce qui représentait pour moi, disons-le sans détour, l'antichambre de l'enfer. J'étais plus Robinson Crusoé que Gipsy Kings. En définitive, nous finîmes par enfreindre la loi deux nuits de suite. Je ne le regrette pas une seconde.

Plus j'y pensais et plus la thèse du camping-car, avec lequel j'imaginais que Dupont de Ligonnès avait fui la région du Var, se heurtait à un mur : les témoignages postérieurs au 15 avril.

On avait en effet cru avoir retrouvé la trace du fugitif onze jours après sa disparition, à cent quarante kilomètres de Roquebrune-sur-Argens. Le 26 avril 2011, un homme lui ressemblant avait été aperçu rôdant pendant plusieurs heures sur l'aire de repos de Lançon-Provence, proche de la gare de péage de l'A7, avec quatre gros sacs.

Il avait demandé un café gratuit à la caissière de la station-service Total (il n'avait donc pas d'argent) qui, interrogée plus tard par la police, donnerait un détail d'importance : « Il avait un trou entre deux dents du côté gauche quand il souriait », exactement comme Ligonnès, qui n'avait visiblement pas qu'une anomalie du front. Il faut savoir qu'à ce moment-là, il était recherché « activement » par la police depuis cinq jours.

L'analyse de l'enregistrement des caméras de surveillance de l'aire d'autoroute avait permis d'identifier avec quasi-certitude le fugitif : il portait des lunettes de vue et était vêtu d'un pantalon clair, comme sur la vidéo du Formule 1 et du distributeur de billets de Roquebrune-sur-Argens. On pouvait observer, curieux, la suite des événements. Vers 3 heures du matin, l'homme avait été pris en stop par un Combi Volkswagen (le typique minibus hippie). La police avait passé la plaque minéralogique au fichier, et le conducteur avait pu être interrogé. Celui-ci avait affirmé que l'homme « ne sentait pas bon ». Peut-être n'avait-il pas pris de douche depuis un bon bout de temps, disons onze jours, par exemple. Mais surtout, il semblait ne pas avoir changé de vêtements. Il avait « une barbe naissante ». Il s'était donc rasé mais n'avait pas pris de douche... À moins qu'il se soit rasé et ait pris une douche mais n'ait donc pas changé de vêtements et que c'était donc les vêtements qui sentaient. Bref, il puait.

Selon le conducteur, le passager n'était pas très loquace. Il avait seulement dit rentrer de Paris où il était demeuré au chevet de son vieux père malade. Notons que le père de Ligonnès était mort quelques

144

mois auparavant, en janvier 2011. Enfin, il souhaitait prendre le train à Aix-en-Provence.

Le conducteur l'avait laissé, à sa demande, à la sortie d'autoroute d'Aix. Sachant qu'il ne faut même pas vingt minutes pour aller de l'aire de repos à la sortie 30 de l'A7, l'homme était donc à l'entrée de la ville vers 3 h 30. La gare ouvrant à 4 h 50 en semaine, les enquêteurs avaient visionné les enregistrements de la caméra de surveillance du parvis de la gare à partir de cette heure-là. L'auto-stoppeur était apparu à 6 h 11. À 7 h 02, il achetait un billet pour on ne sait où et il disparaissait des radars. Pour la seconde fois.

Cet ensemble de témoignages établissait avec quasi-certitude qu'il s'agissait bien du fugitif et qu'il se trouvait donc à hauteur de Lançon-Provence le 26 avril 2011. Sans camping-car, sans fusil, sans argent, sans moyen de locomotion, sans déodorant ni vêtements propres et livré à lui-même. Peut-être pas la deuxième vie dont il avait rêvé en sortant de Nantes le 10 avril avec Chérie FM à fond dans sa C5...

Conclusion : soit Ligonnès n'avait jamais acheté de camping-car, soit il en avait acheté un et s'en était débarrassé ensuite. Ne restait maintenant qu'à faire cadrer tout cela avec mon récit. Après avoir bu un verre d'eau fraîche, je m'installai devant mon ordinateur et replongeai dans la tête de Ligonnès, certain que, tel le chat, je retomberais sur mes pattes.

Xavier Dupont de Ligonnès
(du samedi 16 au mardi 26 avril 2011)

Xavier occupe ses journées à se promener dans le bois. Il ne se rase plus, ne se lave que sommairement afin de ne pas trop entamer ses réserves d'eau et aime aller flâner dans la nature en pensant que ce sont là ses derniers jours d'oisiveté. Qu'il devra bientôt se prendre en main, tenter de s'installer quelque part, chercher un petit emploi au noir. Il aimerait créer une nouvelle entreprise. Il a toujours aimé ça. Les idées lui viennent facilement. C'était quand même pas mal, La Route des commerciaux. Il avait rapporté le concept des États-Unis. En France, rien n'existait encore dans ce domaine et il voulait être le premier à proposer une carte nationale d'hôtels et de restaurants pour les représentants, les gens comme lui ou Michel, qui passaient leur vie dans leur voiture, loin de leur famille. Oui, c'était une fameuse idée. Mais ça n'a pas marché. Comme tout ce qu'il a entrepris.

Il pense toujours à la piste espagnole. En France, Xavier Dupont de Ligonnès est grillé. Il ne peut plus utiliser ses papiers. Il devrait d'ailleurs s'en débarrasser, les garder est plutôt risqué. Ou alors il faudrait qu'il maquille sa carte d'identité, qu'il retouche une photocopie. Il jetterait ensuite ses papiers et ne voyagerait qu'avec des photocopies. Une pour la carte d'identité, une pour le permis de conduire. En cas de contrôle, ou de demande, il prétexterait un vol et montrerait les copies. Ça pourrait marcher. Pas pour l'administration ou la police, bien sûr, mais pour un petit job, peut-être pour ouvrir un compte bancaire. Ces faux papiers pourraient, avec un peu de chance, lui faire obtenir de vrais papiers par la suite.

Oui, c'est pas mal, pense-t-il. Et en Espagne, on ne doit pas être aussi exigeant qu'en France. Enfin, il essaye de se convaincre qu'il en est ainsi. Il deviendra le pauvre touriste auquel on a volé ses papiers, fera semblant de ne pas trop comprendre. Il pourra peut-être même louer un appartement. Ce qui lui fournira un justificatif de domicile pour obtenir d'autres choses. Il commence à noter tout cela sur son cahier, entoure des mots, trace des flèches, procède étape par étape. Il se souvient de ce Canadien qui est parvenu, à force de troc, à partir d'un trombone rouge de bureau, à obtenir une maison. Il a échangé le trombone contre un stylo en forme de poisson, qu'il a échangé contre un bouton de porte sculpté, lui-même troqué contre un réchaud à gaz, puis un générateur électrique, une pompe à bière, une motoneige, une camionnette, un contrat avec une maison de disques pour enregistrer une maquette contre un an de location gratuite à Phoenix, qui est devenu un après-midi avec son idole Alice Cooper, tout cela jusqu'à la maison. Si ce mec a réussi ce pari fou, qu'est-ce qui empêche Xavier de changer d'identité à partir d'une photocopie trafiquée de sa carte d'identité ?

Pendant cinq jours, il se balade dans la forêt, roule un peu plus vers l'est pour changer de décor. Le Pas des Vaches, la cascade des gorges de Pennafort. Il s'autorise quelques incursions, aussi, dans le monde des hommes, brèves, mais en prenant soin de ne pas laisser de traces, ou d'en laisser mais très éloignées de sa véritable identité. Il se forge un personnage, qu'il façonne au gré de ses rencontres, qu'il peaufine au fil de ses apparitions. Il se prend pour Arsène Lupin, le comte de Monte-Cristo, se fait passer pour un touriste espagnol. Casquette, barbe, méconnaissable, il change de voix, il achète des fromages à la ferme de La Pastourelle, visite la cave du château de Lagarde. Il jouit de ce jeu de rôle, avant-goût de ce qui l'attend dans sa nouvelle vie.

Il traverse rapidement Draguignan, se rappelle le bon temps qu'il y a passé avec Michel. Puis il se retrouve dans la nature, visite l'abbaye de Florièyes qui était indiquée sur son plan mais s'aperçoit en se garant devant qu'il ne s'agit plus que d'un amas de ruines. Il prend donc vers le nord en direction de la chapelle Notre-Dame de Spéluque, une merveille dans laquelle il se recueille quelques minutes, priant le Seigneur de l'aider dans cette nouvelle épreuve, cette nouvelle vie. En pensant à son baptême, il se dit qu'il lui faudra se trouver un nouveau prénom. Pourquoi pas Miguel ? Puis il s'asperge le front de quelques gouttes d'eau bénite avant de sortir, se sentant neuf et purifié. Religion à la carte, *personal Jesus*. Le soir, il dîne au bord d'une rivière, près de Quinson, d'une boîte de raviolis avec une bonne bouteille qu'il a achetée au château de Lagarde. Le lendemain, il visite la chapelle Sainte-Maxime, puis continue sa visite de la région vers l'ouest, sans s'arrêter, jusqu'à Peyrolles-en-Provence. Le soir, à la lumière de son salon de fortune, il traverse, du doigt, le parc national des Cévennes. Les noms sur la carte Michelin le font rêver. Sainte-Croix-Vallée-Française, Saint-Jean-du-Gard, Saint-Germain-de-Calberte. C'est là qu'il pense aller. Il réalise qu'on est mercredi et qu'il avait planifié de partir pour l'Espagne lundi ou mardi. Mais diantre, il n'est pas aux pièces ! Pourquoi ne pas en profiter ? Visiter tous ces endroits qu'il ne connaît pas. Ces belles chapelles qui lui permettent de communiquer directement avec Dieu, ces portes ouvertes sur le Ciel.

Xavier ne peut s'empêcher de repenser à ces livres qu'il a tant aimés et dans lesquels les héros se réfugient dans les montagnes pour éviter les hommes. *Le Parfum*, dans lequel, fuyant l'odeur des humains, Jean-Baptiste Grenouille trouve abri dans une grotte du Plomb du Cantal pendant plus de sept ans. Ou encore les souvenirs d'enfance de Marcel Pagnol au cœur du massif du Garlaban.

À part le pain frais, qu'il a du mal à trouver en pleine montagne, Xavier survit avec les vivres qu'il a achetés à Puget-sur-Argens. De toute manière, il est assez confiant sur sa couverture. Sa barbe n'arrête pas de pousser, le rendant de plus en plus méconnaissable et typé espagnol, ce qui va bien avec son rôle.

Le lendemain, le vendredi 22 avril, il passe au nord d'Aix-en-Provence, reste aux abords du plateau de Puyricard. Le soir, il dîne d'une boîte de lentilles aux saucisses. Lorsqu'il reprend le volant le matin suivant, vers 9 heures, il constate qu'il lui faudra refaire le plein d'essence. Il en profitera également pour vider les eaux grises, remplir le réservoir d'eau potable. En six jours, il n'a pas utilisé une seule fois la caisse des toilettes. Pour uriner, il va contre un arbre, en pleine nature. Pour la grosse commission, il prend un sac-poubelle et le glisse dans la cuvette des W.-C. Ensuite, il referme le sac et le joint au reste des détritus, dont il se débarrasse de manière périodique dans les conteneurs qu'il croise. Ainsi, il n'a pas à laver les toilettes, ce qui lui semble dégoûtant et pénible. Il faudra juste qu'il prévoie un plus gros stock de sacs-poubelle.

Il s'arrête alors dans une station-service à la sortie d'Éguilles.

Il fait le plein à la pompe numéro 2 tout en prenant garde de ne pas être face aux caméras de surveillance. Il a appris à les repérer d'un coup d'œil et à toujours se mettre dans un angle qui rend difficile l'identification. De toute façon, avec sa casquette et sa barbe, même ses amis seraient bien en peine de le reconnaître. Mais bon, si cela arrive, même s'il est fort peu probable qu'il croise une connaissance dans le coin, il dira qu'il prend un peu de bon temps, qu'Agnès et lui ont fait un petit break, qu'ils en avaient besoin, que d'ailleurs, il rentre sur Nantes. Ils ont parlé au téléphone hier soir et elle veut lui donner une autre chance. Il baratinera, comme d'habitude.

Il replace le pistolet à essence dans son fourreau et entre dans le magasin pour payer. Alors qu'il fait la queue aux caisses, il laisse traîner son regard sur les sucreries et les présentoirs, et son sang se fige dans ses veines. Il demeure pétrifié, interdit, au bord de l'évanouissement. Ses jambes flageolent. Là, au milieu, le journal du jour. La nouvelle est à la une. On vient de retrouver cinq cadavres dans le jardin d'une maison, à Nantes.

Sonné, Xavier achète le journal, un Lion et un paquet de chewing-gums à la menthe.

— Pompe 2, s'entend-il dire, car son esprit s'est détaché de son corps.

Tout est cotonneux autour de lui. Il revient au camping-car et démarre. Il remonte en direction du plateau de Puyricard, en proie à une excitation sans précédent, ne pensant qu'à une chose, trouver un petit chemin de terre tranquille, hors de vue de la route principale, pour se garer et se précipiter sur le journal. Durant tout le trajet, il jette des coups d'œil sur la photo de la une, il l'a reconnue, c'est la façade du 55, boulevard Robert-Schuman, la façade de sa maison. Il sort du chemin du Grand-Saint-Jean et pénètre dans un bois. Quelques secondes plus tard, il arrête son véhicule, met le frein à main et se saisit avec frénésie du quotidien titré : NANTES, MACABRE DÉCOUVERTE. Sa tête tourne. Il manque de s'évanouir.

Sidéré, il lit la légende qui s'étale sous la photo de sa maison, devant laquelle se trouve un petit groupe de personnes en gilets fluorescents jaunes. « L'enquête s'orientait vers la piste criminelle, hier, à Nantes, où cinq corps, ceux d'une mère et de ses enfants, ont été découverts à leur domicile (ci-dessus). Cette famille n'avait jamais fait parler d'elle avant cette disparition inexpliquée, le 4 avril dernier. Le père était activement recherché hier soir. »

Activement recherché. Xavier donne un coup de poing sur le volant. Puis il ouvre le journal, dans lequel plusieurs pages sont consacrées à l'affaire. Il y est question des lettres qu'il a envoyées à ses proches, la thèse de la DEA que personne ne semble prendre au sérieux. On y parle avec approximation de ce qu'il a fait la nuit du 3 au 4 avril. Et puis, il comprend que tout est parti des voisins : cette foutue couturière, une mégère dont il s'est toujours méfié. Elle s'est inquié-tée de voir que deux des trois voitures n'avaient pas changé de place depuis plusieurs jours, et surtout... que les volets étaient restés fermés. Merde ! Il ima-gine Michel devant son poste de télévision, bouillant intérieurement afin de ne rien montrer à sa com-pagne. Putain, merde, les volets, Xav, je te l'avais bien dit ! C'est la plus grosse erreur que t'aies faite. Son ami avait raison.

Le soir, alors qu'il mange une boîte de cassoulet l'oreille rivée à l'autoradio du camping-car, une voiture de la gendarmerie nationale équipée d'un logiciel de lecture automatique des plaques d'immatriculation relié au FVV (fichier des véhicules volés) repère une Citroën bleu marine garée sur le parking d'un Formule 1, à Roquebrune, à cent vingt-deux kilomètres de là. La chasse peut alors commencer.

Dans son bois, pris en étau entre deux départementales, Xavier se rend compte qu'il y a quand même pas mal de passage dans le coin et décide, dès le lever du soleil, de reprendre la route vers un endroit plus calme, plus éloigné des hommes. Lui qui pensait se fondre dans la masse, dans une ville, est soudain pris de panique à l'idée d'être vu ne serait-ce que par un chien. Un chat. Une vache. Il se sent observé en permanence. Même s'il n'y a personne alentour.

Il choisit donc un endroit très peu urbanisé sur sa carte des Bouches-du-Rhône et du Var, le lieu le plus vert et montagneux, et s'y rend, bien décidé à y passer quelques jours en marge de l'humanité. Il n'en sortira que lorsque l'effervescence de l'actualité se sera calmée, ou qu'ils seront passés à autre chose. Une bonne petite guerre au Proche-Orient, un attentat terroriste. Ces choses-là arrivent si souvent. Il n'aura pas à attendre longtemps.

À la radio, les paroles du procureur de la République de Nantes, Xavier Ronsin, passent en boucle.

« Il y a quelques minutes, un reste humain a été découvert dans le jardin de cette famille sous la terrasse, et l'enquête bascule donc malheureusement nettement sur une qualification criminelle de séquestration et assassinat. » Xavier note qu'il a dit « séqueustration » au lieu de « séquestration ». Séquestration ? pense-t-il. Je n'ai jamais séquestré personne…

Une fois sur place, dans le vallon de Sainte-Colombe, une grande étendue montagneuse près de l'étang de Berre, à plus de quatre kilomètres de toute habitation, il s'aperçoit qu'il n'a pas eu le temps de vider les eaux sales et de remplir le réservoir d'eau potable. Il ne lui reste plus que deux bouteilles d'un litre d'eau minérale. Il va falloir se serrer la ceinture. Il lui reste à manger. Il avait prévu large et fait le plein de boîtes de conserve. Mais ce sera maintenant sans vin et sans fromage. Il trie les plats selon qu'ils peuvent se manger chaud ou froid. Il ouvrira d'abord les premiers, puis, lorsque le gaz de son réchaud viendra à manquer, il attaquera les seconds. Pour ce qui est des commodités, il a encore du papier hygiénique mais il ne lui reste plus de sacs-poubelle pour faire ses besoins. Il sera contraint de faire dehors, dans un trou.

Il se maudit de ne pas être allé faire les courses dans un supermarché une fois le journal en main. Il est assez méconnaissable. Sa photo doit à peine commencer à passer au journal télévisé et la plupart des Français n'ont pas encore assimilé ses traits, son sourire, l'expression de ses yeux. Il aurait dû aller acheter de la nourriture et de l'eau quand il en était encore temps. Si Michel disait vrai, la police va bientôt remonter sa trace jusqu'au Formule 1 de Roquebrune-sur-Argens, là où il a utilisé sa carte bleue pour la dernière fois.

T'étais peinard dans ton camping-car, à visiter la région comme un touriste hollandais, se dit-il. Maintenant, faut montrer que t'as des couilles !

Avec la découverte des corps, il est maintenant devenu un assassin en fuite, un fugitif. Il décide de rester cloîtré dans son camping-car, garé sous les arbres, à quelques mètres du premier chemin, sans oser mettre le nez dehors, les yeux dans le vide, les oreilles sur France Info, où l'on ne parle que de ça. Que de lui.

C'est la soif qui le fait sortir. Trois jours plus tard.

Même en se rationnant, Xavier a fini par épuiser les deux litres d'eau minérale. Ironie du sort, face à lui s'étend l'étang de Berre, mais il mourra ici, de soif. Il inspecte la carte Michelin à la recherche d'un cours d'eau dans le coin mais n'en trouve pas. Il doit bien y en avoir un. Les petites rivières ne sont certainement pas recensées sur la carte. Même si l'échelle est de 1/150 000, selon la légende du dépliant. Prenant son courage à deux mains, il finit par sortir de son camping-car le lundi matin à 9 heures et se met en marche pour explorer les environs. Les chemins sont bien trop étroits pour y passer avec le véhicule, et surtout, les branches des arbres sont trop basses.

Il a pris sa trousse de toilette. Au cas où il tomberait sur un cours d'eau appétissant. Un bon bain ne serait pas de refus. De temps en temps, il croise quelques personnes, pour la plupart des promeneurs. Mais il y a aussi des jeunes à moto. À chaque fois, c'est le même coup de poing dans l'estomac. Le temps de reprendre ses esprits, de se calmer, de se rassurer, de se dire que les gens ne sont pas tous physionomistes, que beaucoup n'écoutent même pas les nouvelles, ne regardent pas la télé, ne lisent pas les journaux, il prend l'allure nonchalante d'un marcheur qui viendrait faire de l'exercice, se fendant quelquefois d'un petit salut du bras par courtoisie. Histoire de paraître naturel. Bienveillant.

À 12 h 30, après avoir arpenté le labyrinthe vert, il tombe sur un grand bassin au milieu d'une petite clairière. Hourra ! pense-t-il. Il regarde s'il n'y a personne, se déshabille et plonge dans l'eau – peu transparente, mais à cheval donné on ne regarde pas la denture. Dieu que c'est bon. Voilà dix jours qu'il n'a pas pris de douche. Il fait bien un brin de toilette chaque matin avec un gant, qu'il passe sous ses aisselles, sur sa figure et dans son dos, jusqu'où il peut, mais là, il est aux anges. Pris d'une euphorie soudaine, il décide de raser cette barbe qui le démange. De toute manière, comme il va passer les prochains jours ici, il n'y a pas de problème. Il retournera vers la civilisation lorsque sa barbe aura repoussé, qu'il sera redevenu le nouveau Xavier. Miguel.

Il remet ses habits sales, qui sentent mauvais, boit jusqu'à plus soif puis reprend le chemin en sens inverse. Il reviendra jusqu'ici avec le véhicule par des routes praticables, il y a une grande esplanade, et il remplira le réservoir d'eau. Heureux, il marche sur les sentiers, s'autorisant même à siffloter. Il marche, marche, marche encore. Bien plus qu'il n'a marché pour venir jusque-là. Il ne siffle plus du tout maintenant.

À 16 heures, il doit se rendre à l'évidence. Ou il s'est perdu. Ou on lui a volé son camping-car.

Romain Puértolas
(La Bastide-de-Bousignac)

Je ne conseille à personne de dormir avec un manche de pioche dans son lit. C'est très inconfortable. Mais que voulez-vous, c'était la seule arme que je possédais, la seule arme « par destination » convenable que j'avais pu trouver dans la maison. Je le rangeai sous le lit, dans l'attente de la nuit suivante, et allai jeter un coup d'œil à la fenêtre. Bien qu'elle soit tournée vers le bois, il était possible, en se collant au carreau et en regardant à droite, de distinguer la terrasse de la maison de Robert. Ligonnès s'y trouvait, égal à lui-même, buvant son café et lisant son journal. Avais-je été propulsé dans *Un jour sans fin* ?

Une question me traversa alors l'esprit. N'était-il pas risqué pour Xavier Dupont de Ligonnès d'aller acheter son journal chaque matin au village ? Je veux dire, ne risquait-il pas de croiser quelqu'un qui aurait pu le reconnaître ? Pas forcément les gendarmes de Mirepoix, puisqu'ils n'ouvraient pas avant 8 heures, mais le boulanger, l'épicier, un passant ? Et puis, Ligonnès parcourait-il à pied les trois kilomètres chaque matin avant son petit déjeuner ? Ou s'y rendait-il en voiture ?

Je descendis et sortis dans le jardin.

— Ça va, *voisine* ? me lança-t-il en me voyant.

— Un peu la gueule de bois.

— Tu m'étonnes, après tout *cé* qu'on a bu ! Dis, *yé* vais à Bricomarché, tu as besoin *dé* quelque chose ?

Ma respiration se coupa.

— À Bricomarché ?

— Oui, à celui de Laroque-d'Olmes. *Yé* dois refaire la terrasse. Un peu *dé* ciment, de la chaux vive et hop, elle sera comme neuve. C'est fou comme ça *sé* détériore, ces vieilles baraques !

Ça y est, ça l'avait repris.

Affaire Romain Puértolas
(Cour d'assises de Toulouse)

— Ah ! s'exclame Me Fortin, mon avocat. Voilà qui est intéressant, vous ne trouvez pas ? M. de Ligonnès qui annonce à mon client qu'il se rend à Bricomarché pour, je cite, et sans accent, « refaire la terrasse. Un peu de ciment, de la chaux vive et hop, elle sera comme neuve ». Il faudrait être idiot pour ne pas penser que M. de Ligonnès avait l'intention, à ce moment-là, d'assassiner mon client ! La voilà, la préméditation que vous voulez à tout prix coller à M. Puértolas, alors que c'est M. Dupont de Ligonnès qui avait des idées de meurtre !

— Très bien, peut-être, si vous voulez, supposément. Et alors ? Qu'a fait votre client ? S'est-il empressé d'aller avertir la gendarmerie de Mirepoix ?

— Mais, monsieur l'avocat général, vous parlez des gendarmes de Mirepoix comme s'il s'agissait du GIGN !

— La gendarmerie était ouverte ? dis-je, interrompant les deux hommes.

— Quelle heure était-il lorsque vous avez trouvé M. de Ligonnès sur sa terrasse ? demande l'avocat général.

— Je ne sais pas, 9 heures, 9 h 30, c'est l'heure à laquelle j'ai l'habitude de me réveiller.

— Alors oui, la gendarmerie était ouverte depuis une bonne heure.

— Je… n'y ai pas pensé.

— Arrêtez, on dirait l'audition de M. Rétif ! Depuis le début, vous nous prenez vraiment pour des demeurés !

Il tend le bras dans la direction des jurés.

— Vous *les* prenez pour des demeurés !

— Oui, j'aurais dû aller à la gendarmerie, c'est vrai.

— Mais au lieu de cela, vous avez attendu sournoisement le retour de M. de Ligonnès, pour lui sauter dessus avec votre couteau à beurre !

— Non, non ! je me défends. Ça, ça a été plus tard, je crois, deux jours après.

— Vous voulez dire que M. Dupont de Ligonnès est revenu du Bricomarché avec sa chaux et son ciment et qu'il ne vous a pas emmuré ? demande l'avocat général, jouant la stupeur. Ni le soir même, ni le lendemain, ni le surlendemain ? Si M. de Ligonnès ne l'a pas fait, c'est peut-être parce qu'il n'avait pas l'intention de vous tuer, monsieur Puértolas, mais juste de refaire la terrasse de son jardin comme un honnête citoyen.

— Je sais ce que vous essayez de me faire dire, mais, non, Ligonnès a bien essayé de me tuer, et je me suis défendu de manière légitime.

— C'est ce que nous verrons, monsieur Puértolas, c'est ce que nous verrons…

Xavier Dupont de Ligonnès
(du mardi 26 avril au mercredi 8 juin 2011)

Xavier est en proie à une panique folle.

Il est sûr et certain que le véhicule se trouvait là, entre ces deux arbres. D'ailleurs, il en retrouve aisément la trace sur le sol. L'herbe a été écrasée par le passage de quatre pneus. Il y a même quelques gouttes d'huile. Il jure en silence, regarde tout autour de lui. Mais il est seul. Il repense aux jeunes à moto. Il n'a pas aimé leur allure de voyous, mais jamais il n'aurait imaginé qu'ils puissent être intéressés par un camping-car. Défoncer la porte, chercher de l'argent, piquer de la nourriture, ça, il peut encore le concevoir, mais repartir avec, c'est juste… énorme.

Il pense à l'argent dans le sac de voyage. Les courses. Sa casquette. Le papier hygiénique. Il ne lui reste plus rien. Il n'a que trois euros en poche. En fuite avec trois euros. Même sa cavale, comme toutes ses entreprises, prend la direction du fiasco. Le fiasco cuisant.

— Putain, dit-il, au bord des larmes.

Il lève les yeux au ciel, s'adresse à Dieu, comme il a l'habitude de le faire. Pourquoi Tu m'as fait ça ? Pourquoi me mets-Tu autant à l'épreuve ? À l'amende ? Il demeure à genoux pendant une bonne heure, se lève enfin, sent ses articulations endolories. Il commence à marcher en poussant des jurons, effondré, à descendre le flanc de la montagne opposé à l'étang de Berre. Entraîné par le désarroi, il marche, marche, ne s'arrête à aucun moment, malgré la douleur qui commence à assaillir la plante de ses pieds après avoir rongé ses genoux. Il descend, descend, vers la société des hommes, se soumet à l'ordalie, cette épreuve qui prescrit d'annihiler l'action pour s'en remettre au jugement de Dieu. Si on le reconnaît, c'est qu'il devait être reconnu, un point c'est tout. Il ne croise presque personne, mais il se fout bien, maintenant, de se faire prendre, si telle est la volonté du Seigneur.

Plus tard, vers 23 heures, passé la gare de péage, il arrive aux abords de l'aire de Lançon-Provence. Il traverse le parking des poids lourds et s'assoit sur le banc d'une table de pique-nique pour se reposer. Une demi-heure après, il traverse l'autoroute A7, s'approche de la station-service et regarde le ballet des voitures. Avec sa barbe d'un jour, sans sa casquette, il a vraiment la gueule du type que l'on recherche partout, mais il ne s'en soucie plus. Il est exténué. S'il se fait prendre, il aura au moins un bon dîner, et un lit pour dormir cette nuit. La prison commence à devenir une option pour lui, une option tentante.

Pendant plus de trois heures, il reste là, hébété, sans trop savoir quoi faire. Dans des conteneurs-poubelle, il trouve quatre sacs de courses en toile tressée, dans lesquels il commence à disposer quelques affaires utiles, des vivres périmés pour la plupart. Il y fourre aussi sa trousse de toilette, la seule chose qu'il lui reste de sa vie d'avant. Il se fait pitié. Il est devenu un mendiant qui fait les poubelles. Encore une fois, ce n'est pas la vie dont il rêvait au volant de sa C5 quand il a quitté Nantes, le cœur plein d'espoir, la tête pleine de projets. Il ne se sent plus libre. Sans argent, il n'y a pas de liberté. On dirait l'énoncé d'un devoir de philo. Vous avez quatre heures.

Il doit se soumettre aux circonstances, aux miettes de pain que le destin veut bien lui jeter sous le nez comme s'il n'était qu'un vulgaire pigeon. Oui, il se fait pitié et il se déteste. Il déteste Dieu qui lui inflige cette punition. Mais n'est-ce pas le châtiment réservé à ceux qui tuent des êtres humains ? Tu ne tueras point, stipule le sixième commandement. Il mérite l'enfer. Il est en ce moment même dans son anti-chambre.

Arrête de t'apitoyer sur ton sort, lavette ! lui souffle une petite voix dans sa tête. Xavier se fait violence et entre dans le magasin Total, demande un café gratuit à la caissière. Il est près de 3 heures du matin. Il ressort, le boit entre deux pompes à essence. Le sucre lui redonne un peu de force, un peu d'espoir. Tout n'est pas perdu. Il aimerait partir aux États-Unis, cela serait facile d'y refaire sa vie, le rêve américain et tout ça. Il maîtrise la langue. Le pays est immense. Personne ne l'y reconnaîtrait. Jamais. Mais voilà, maintenant, tous les aéroports doivent être en état d'alerte. Et puis, il n'a pas d'argent pour un billet. Il aurait fallu qu'il s'en aille avant, quand la police n'avait pas encore découvert les corps. Il se maudit de sa petite balade touristique dans la région. Il se maudit d'avoir perdu autant de temps, de ne pas avoir écouté Michel. Il faut qu'il se barre de la France, là, tout de suite. Ça craint trop.

Il va se poster près de la sortie de l'aire de service et lève son pouce. Il n'a pas à attendre bien longtemps avant qu'un minibus Volkswagen s'arrête.

— Vous allez vers où ?

— La gare d'Aix.

— La gare ? On est sur une autoroute ! Je peux vous laisser à la sortie pour Aix si vous voulez.

— Parfait.

Ils roulent dans le silence le plus total. Le conducteur rompt la glace, dit s'appeler Christophe. Xavier lui dit revenir de Paris. Son père était malade.

Ils bifurquent et prennent l'A8 direction Nice. Christophe le laisse à la sortie 30 d'Aix-en-Provence et lui souhaite bonne chance. Bonne chance ? S'il savait !

Xavier part ensuite à pied vers le centre-ville et la gare. Il dépense les dernières pièces qu'il a dans sa poche pour acheter un billet, le moins cher, pour la première gare, Gardanne. Si le contrôleur passe, présenter un billet vaut mieux que ne pas en avoir du tout, les contrôleurs apprécient le geste, même s'il restera dans le train jusqu'à Marseille, puis en prendra un autre pour Nice. Il ne faut pas trop tenter le diable. Plus il ira loin et plus il courra le risque de se faire contrôler. Coup de bol, il n'est pas inquiété et peut descendre à la gare Thiers sans éveiller les soupçons.

Il traverse la ville à pied vers le nord avec la ferme intention de rejoindre l'autoroute et de faire du stop. Un peu avant midi, il lève le pouce, tête baissée afin de ne pas être reconnu. Il n'a plus de quoi s'acheter une casquette. Après une heure à attendre, il est pris par un couple de Hollandais qui vont en Italie. Il s'assoit sur la banquette arrière et ils commencent à discuter.

Les touristes sont partis d'Amsterdam trois jours auparavant et font un petit tour d'Europe en voiture. Xavier se dit que c'est une bénédiction d'avoir été recueilli par des étrangers qui ne doivent pas être au courant de l'affaire du tueur de Nantes. Ils ont le même âge que lui. Antke est blonde, les cheveux courts, et Xavier est aussitôt attiré par elle. Hans est brun, une fine balafre coupe son menton en deux, lui donnant un faux air de Harrison Ford. Ils parlent plus que lui, ce qui l'arrange. Ils sont sympathiques et s'accordent à le laisser à Savone, sur la Riviera italienne. Ce sera parfait.

Ils ralentissent au passage de la frontière. Xavier retient son souffle. Un policier italien arrête la voiture de devant et les laisse passer. On dirait que Dieu a décidé de ne pas lui en faire baver autant que ces derniers jours. Il veut s'excuser pour le camping-car, pense-t-il.

— Tu dors où ? lui demande Antke alors qu'ils entrent dans la petite ville balnéaire.

— Je sais pas. Je trouverai bien un pont, répond-il mi-sérieux, mi-blagueur.

Les deux Hollandais se regardent.

— Tu dors avec nous ? propose Antke. On a réservé au Mare. C'est un super hôtel en première ligne de plage.

Elle laisse ses mots en suspens dans l'habitacle de la voiture, sans détourner un seul instant ses yeux bleus de ceux de Xavier, assis derrière eux, sur le siège du milieu. Le Français jette un coup d'œil à Hans, qui le dévisage aussi dans le rétroviseur. Il y a comme une tension. Il a l'impression que le Hollandais meurt d'envie qu'il dise oui. La femme aussi. Alors il accepte.

Le Mare (prononcez « maré » et roulez le *r*) est un immense complexe dévorant le bitume d'un côté et le sable de l'autre, à soixante-dix euros la chambre. Xavier attend dans le hall pendant que les deux touristes font le *check-in*. Ils prennent ensuite l'ascenseur tous ensemble.

— Il y a deux lits ? demande-t-il par curiosité.

— Deux lits ? s'amuse Antke. Pour quoi faire ?

Et elle éclate de rire, affichant sa dentition blanche et parfaite de publicité pour dentifrice.

En entrant dans la chambre, il comprend tout de suite l'intention des Hollandais, cela confirme les soupçons qu'il a eus dans la voiture. Ils veulent un plan à trois.

— Mais d'abord, tu prends une douche, lui dit Antke avec un sourire qui veut tout dire.

En effet, même s'il s'est baigné hier matin dans le bassin, les vêtements qu'il porte sont une véritable infection. Il se dirige vers la salle de bains et demeure plus de dix minutes sous la douche chaude, les yeux fermés, repensant à tout. Aux cadavres de sa famille, à son périple depuis ce jour-là, au couple de Hollandais. En pensant à Antke, il a un début d'érection. Quand il ouvre les yeux pour fermer l'eau, il sursaute. Elle est là, nue, l'observe, les yeux pétillants, les lèvres bien rouges, gonflées de désir. Elle est mince, sa peau est hâlée, le plus hâlée que puisse être la peau d'une Néerlandaise, sa poitrine est épaisse et lourde. Elle s'approche de lui, se colle contre son corps et l'embrasse. Un agréable frisson parcourt Xavier. Ils font l'amour, là, dans la cabine de douche, debout, sans préservatif, sous le regard lubrique de Hans, qui ne participe pas et se contente de regarder par la porte entrouverte.

Plus tard, ils vont dîner au restaurant de l'hôtel, sur la terrasse avec vue sur la mer. Hans a donné un tee-shirt et un pantalon propres au Français. Après le repas, Xavier les remercie mais leur dit qu'il ne peut pas dormir avec eux, qu'il ne se sent pas à l'aise avec ces choses-là. Il ne regrette pas, non, mais il ne veut pas aller plus loin. Il s'excuse. Hans dit qu'il comprend, qu'il peut garder ses vêtements. Il insiste. Il ne va tout de même pas remettre ses vieux habits qui puent. Ils se serrent la main. Antke l'embrasse, à regret.

— C'est dommage, lui glisse-t-elle dans le creux de l'oreille, on se serait encore bien amusés.

Quelques minutes plus tard, Xavier longe la Via Nizza en direction de l'est. La nuit est tombée. Il se demande où il dormira. S'il dort. Il passera la nuit à marcher, à penser. Quelle rencontre ! Il se dit qu'il a bien fait. Il ne se voyait pas dans le lit des Hollandais, soumis aux caprices sexuels d'Antke et au regard vicieux de son voyeur de mari. Finalement, vers 3 heures du matin, il va sur la plage, se couche sur le sable et s'endort au son des vagues. Il aime tant sa solitude !

Le lendemain matin, il est réveillé par les machines à ratisser le sable. Il se lève, l'estomac noué par la faim, et continue de marcher vers l'est. À Varazze, il découvre un festin dans la poubelle d'un restaurant. Des morceaux entiers de pizzas. Il les dévore. Rongé par la soif, il va boire au jet d'une douche de plage. Il marche toute la journée, atteint Cogoleto avant la tombée de la nuit.

Il ne se sent plus seul depuis qu'il a rencontré les Hollandais. Il sait que s'il revient en arrière, ils l'accueilleront à bras ouverts. Ils sont, en quelque sorte, sa garantie. Il sait qu'il n'ira pas les retrouver mais la seule existence de cette possibilité le rassure. Il ne dîne pas et dort, encore une fois, sur le sable.

Il passe quelques jours ainsi, à errer de plage en plage. Il ne souhaite cependant pas entrer dans Gênes, dont l'effervescence lui fait peur, et part en direction du nord. Une fois passé Vesima, un homme seul le prend en stop sur la E25 et le dépose à Ovada. Il découvre un billet de vingt euros sous le pneu d'une voiture (Merci, Dieu, c'est sympa !) et va les dépenser à la terrasse d'un bar à la mode le soir même. Il y rencontre Silvia, à qui il paye un verre. Ils sympathisent et il lui propose de la raccompagner. Elle le laisse monter et il dort chez elle, ce qui tombe bien car il n'avait nulle part où aller. Il lui raconte être en instance de divorce et faire un break en Italie. Il lui dit que la veille, il a eu la mauvaise surprise d'apprendre que sa femme a fait geler leur compte commun, il ne peut donc plus retirer d'argent et se retrouve bloqué à Ovada. Silvia croit tout de suite à l'histoire et lui propose de rester quelques jours chez elle. Elle est ravie. Le beau Français lui cuisine de bons petits plats, ils regardent des films le soir, assis l'un contre l'autre sur le divan. Un semblant de vie de couple et de routine naît. Au bout de quelques jours, Xavier lui demande un peu d'argent pour rentrer en France. Il doit absolument arranger la situation avec son ex-femme et faire rouvrir le compte. Quand tout cela sera résolu, il reviendra à Ovada et ils partiront en voyage. Ils passent la soirée à regarder sur Internet des destinations de rêve. Il lui dit être un entrepreneur à succès et que l'argent n'est pas un problème. Il adore tellement mentir. S'inventer de nouvelles vies. Ils optent pour les Seychelles, où Silvia a toujours rêvé d'aller. Le lendemain matin, il quitte le domicile de Silvia avec mille euros en poche, une véritable fortune pour lui. Il embrasse Silvia une dernière fois. Elle lui dit de l'appeler dès qu'il arrivera à Paris. Il le lui promet.

Bien entendu, Xavier ne va pas en France arranger les choses avec une ex-femme imaginaire. Il reste dans un village des alentours et est maintenant assez riche pour se payer une chambre d'hôtel. Le 6 mai, il rencontre dans un bar un maçon qui le conduit à Mondovi, où il commence un chantier. Voyant qu'il est français, le conducteur lui conseille un bon restaurant étoilé tenu par des compatriotes, Il Baluardo. Ça tombe bien, Xavier a faim et, grâce aux mille euros de Silvia, il va pouvoir s'offrir un petit festin. Il vit au jour le jour. Après, on verra. Là, il tient à se faire plaisir.

L'intérieur du Baluardo est élégant, les murs sont en pierre. Il a bien mérité ce luxe après sa période clochard. La salle est pratiquement vide et il est placé directement par le patron, un certain Marc Lanteri, qui lui fait la conversation. Il ignore encore que celui-ci l'a reconnu dès qu'il a franchi le seuil de son établissement, mais qu'il n'est pas entièrement sûr et préfère confirmer son sentiment. Il a suivi l'affaire de près avec sa femme, Amy. Cela fait un bon bout de temps qu'ils habitent en Italie mais ils continuent de s'informer sur l'actualité de leur pays. Pendant que Xavier regarde la carte, le restaurateur se rue sur l'ordinateur, consulte quelques photos de l'assassin de Nantes sur le Web et se confie à son épouse, mi-excitée, mi-terrorisée.

« En milieu de semaine, les clients sont rares, racontera-t-il à la presse et à la police italiennes le lendemain. L'arrivée de ce monsieur ne passe donc pas inaperçue. Immédiatement, je suis éberlué. Je suis tout de suite persuadé que j'ai Xavier Dupont de Ligonnès devant moi. Un peu plus maigre que sur les photos qu'on voit dans les journaux, mais ça ne fait presque aucun doute. » Depuis la cuisine, il n'arrive pas à détacher son regard de son client. Il le trouve si calme. Ce ne peut pas être lui. Il va prendre sa commande. L'homme dit qu'il est ici en vacances et qu'il fait un break sans sa famille. Il affirme avoir trouvé le restaurant dans le *Guide Michelin*, le félicite pour l'étoile qu'il vient d'obtenir, lui conte son amour pour le vin rouge.

Xavier commande. Le plat est vite servi, la bouteille de vin aussi. Comme il est bon de manger à sa faim. Seul celui qui n'a rien avalé depuis plusieurs jours sait cela. Le restaurateur revient le voir, lui demande si tout se passe bien, s'il veut un dessert. Soudain, Xavier comprend que l'homme l'a reconnu. Il le voit dans ses yeux, dans ses mains qui tremblent un peu, dans cette peur qui émane de lui. Il comprend que l'autre a appelé la police et qu'il lui propose un dessert pour gagner du temps. Il demande l'addition sur-le-champ. C'est Amy qui la lui apporte. Elle a le même regard que son mari, la même peur dans les yeux. Les salauds, pense-t-il. Il sent le piège se refermer sur lui, paye et se dirige à grands pas vers la sortie. Il se retourne brusquement vers eux. Ils sont plantés là, à le regarder partir sans savoir quoi faire.

— Je reviendrai avec ma famille ! leur lance-t-il, ironique, histoire de les faire un peu chier dans leur froc, de leur montrer que leurs doutes étaient bien fondés, qu'il est bien l'homme que l'on recherche partout, mais qu'il vient de leur échapper.

Mais ce n'est que le lendemain que Marc Lanteri préviendra la police italienne. Celle-ci saisira les couverts, le verre et la bouteille de vin servis au Français. Étrangement, son témoignage et les éléments de preuve collectés ne seront jamais requis par la justice française.

Xavier revient à Savone, persuadé d'y retrouver ses amis hollandais, mais on lui apprend à la réception qu'ils ont déjà quitté l'hôtel. Pendant un mois, Xavier se déplace dans la région, au gré des voitures qui le prennent en stop, marchant quand l'attente se fait trop longue. Il revient en France, du côté de Sospel, à quelques kilomètres de la frontière. Il est toujours la seule grande affaire dont on parle dans son pays. La une des journaux du matin le terrorise. Les titres sont plus horribles les uns que les autres et parlent tous de lui. « À Avrillé, le macabre dîner de M. de

174

Ligonnès », « La maison de l'épouvante », « Nantes, la traque du père ». Il réalise qu'il tourne en rond depuis des semaines, que ce n'est pas une vie de faire de l'auto-stop et de bouffer dans les poubelles en rasant les murs pour ne pas se faire prendre. C'est une vie de rat. Tout cela ne rime à rien. Ce n'est pas la deuxième chance dont il avait rêvé. Son grand projet d'évasion, sa liberté. Vivre ainsi, c'est déjà être en prison. Il sent bien qu'il ne peut plus s'éterniser dans le coin, il faut qu'il fuie loin, très loin, là où personne ne pourra l'identifier, faire ce qu'il aurait dû faire depuis longtemps. Partir pour vivre libre.

Mais avant cela, il lui faut revoir sa mère. Lui dire qu'il va bien. Et, accessoirement, lui demander un peu d'argent.

Romain Puértolas
(L'enquête)

Je relus mes dernières phrases. J'avais écrit : « Mais avant cela, il lui faut revoir sa mère. Lui dire qu'il va bien. Et, accessoirement, lui demander un peu d'argent. »

Bon, ça, je l'avoue, c'était de moi, et je n'en étais pas peu fier. Nous n'avions en effet aucune preuve que Ligonnès soit retourné voir sa mère après sa nouvelle disparition à la gare d'Aix. Cependant, en brodant un peu, j'en étais arrivé à faire correspondre mon récit avec la deuxième réapparition sérieuse de notre fugitif. Elle datait du 9 juin 2011. Une enseignante qui connaissait les Ligonnès – et donc fiable – déclarait avoir vu le père de famille dans un bus à Versailles, ville natale et de jeunesse de Xavier Dupont de Ligonnès et où résidaient encore sa mère et sa sœur, qui vivaient ensemble. Munie d'un appareil photo, elle avait pris plusieurs clichés, inexploitables car… elle avait oublié d'enlever le cache de l'objectif, et une fois descendue du bus, elle s'était empressée de se rendre au commissariat de

Versailles. La BRI avait pris le relais et installé un dispositif de surveillance devant le domicile de la mère et de la sœur, qui n'avait rien donné.

D'où mon idée.

Ma brillante idée.

Qui nous dit que Ligonnès n'en sortait justement pas ?

J'avais repensé au roman de Harlan Coben, dont j'avais surligné tant de passages qu'il en était devenu illisible. « Ken n'était pas riche. Beaucoup de gens s'étaient demandé comment il avait fait pour subsister dans la clandestinité tout ce temps. […] D'autres, la majorité, pensaient que ses parents lui envoyaient de l'argent en cachette. » La réalité rejoignant la fiction, je me souvenais que lors de la perquisition du domicile de Geneviève et Christine de Ligonnès, qui serait réalisée plus d'un mois après le témoignage de l'enseignante, le 26 juillet 2011, la police découvrirait pas moins de six téléphones portables Nokia, treize mille euros en espèces ainsi que trois mandats Western Union virés à un certain Joven Soliman, installé aux Philippines… (Retenez bien ce nom.)

Ce même 9 juin, un autre témoin affirmait avoir vu Ligonnès dans une station-service Carrefour, aux Ulis, à quelques kilomètres de Versailles, ce qui était donc tout à fait plausible. Les policiers s'étaient rendus sur place pour visionner les caméras de vidéosurveillance. On y voyait « un homme aux caractéristiques physiques pouvant correspondre au profil du fugitif », mais les images enregistrées n'étaient pas de très bonne qualité. Quelle malédiction, avais-je pensé. On pouvait prendre des photos haute définition des rivières de Mars et des cratères de la Lune mais la piètre résolution des images d'une caméra de surveillance à six mètres les rendait inexploitables !

Il s'agissait là de sa troisième disparition, la dernière.

Pour moi, Xavier Dupont de Ligonnès avait quitté le pays après juin 2011, c'est-à-dire juste après son apparition à Versailles.

Je ne travaillais plus à la police aux frontières depuis fin 2013, mais j'étais persuadé que mes connaissances en la matière me permettraient d'imaginer la cavale du fugitif le plus recherché de France. J'avais en effet acquis au cours de mes années à l'OCRIEST, l'office central de la police nationale chargé de démanteler les réseaux d'immigration illégale installés sur notre territoire, ainsi qu'à la direction centrale, une expertise en matière de traversée illégale des frontières que je pensais pouvoir mettre à profit dans ma traque de l'assassin nantais.

Si Ligonnès avait passé une frontière de manière illégale, alors je saurais où et comment. J'avais appris, dans mon travail, tant de choses que j'ignorais avant, car nous ne voulons pas voir le revers de la médaille de notre réalité de pays riche. Les Roms, provenant en général de Bulgarie et de Roumanie, arrivaient en France par bus de manière légale, puisque ces deux pays faisaient partie de l'Union européenne, et devenaient clandestins au bout de trente jours par le simple fait de rester sur le territoire alors qu'ils auraient dû repartir chez eux. Les autres nationalités que nous recensions entraient, elles, de manière illégale. Les Chinois étaient « relookés » plus *fashion*, adoptaient des coiffures plus modernes, pour se faire passer pour des Japonais, citoyens d'un pays sûr qui n'éveillaient en général pas les soupçons. Il y avait des photos épouvantables de jeunes Maghrébins dissimulés dans des moteurs de voiture le temps de passer la frontière terrestre hispano-française, au Perthus. Certains se dissimulaient même à l'intérieur du siège conducteur ! Dans le tableau de bord ! De jeunes Africains avaient été retrouvés dans le train d'atterrissage d'un avion de ligne en état d'hypothermie avancée. À l'altitude de croisière, la température approche les moins 56 degrés. Je me souviens que les Soudanais, que les collègues interpellaient à Calais avant leur passage illégal vers le Royaume-Uni, se brûlaient la pulpe des doigts afin que l'on ne puisse pas prendre leurs empreintes digitales, les ficher et les identifier par la suite. Des clandestins se cachaient dans des doubles-fonds d'autocar pas plus grands que des cercueils, et parcouraient plus de cinq cents kilomètres dans ces conditions, pourvus de couches afin de pouvoir déféquer et uriner. Des illégaux appelaient eux-mêmes la police pour qu'on les sorte de la citerne d'un camion à essence vide, mais encore rempli de vapeurs toxiques et mortelles.

Xavier Dupont de Ligonnès s'était-il brûlé la pulpe des doigts ? Avait-il taillladé au couteau la bâche de la remorque d'un poids lourd afin de se cacher au milieu des marchandises ? Avait-il voyagé dans le train d'atterrissage d'un Airbus ? S'était-il relooké en Japonais ? Je ne le pensais pas. Mais imaginer Xavier Dupont de Ligonnès en clandestin dans l'un de ces scénarios n'allait pas être très compliqué pour moi. Il me suffisait de choisir parmi les plus probables. Je devais maintenant revenir chez la mère de Ligonnès.

Là où tout commençait vraiment.

Selon moi.

Romain Puértolas
(La Bastide-de-Bousignac)

Je profitai de l'absence de Miguel, parti au Brico-marché, pour faire un petit tour dans son jardin. Après avoir jeté quelques coups d'œil et m'être assuré que sa voiture n'était plus là, j'escaladai le muret et je fis quelques pas vers la baie vitrée. Je collai mes mains contre mon visage, en visière, pour observer ce qui se trouvait à l'intérieur. Un salon en désordre, un drap jeté sur le canapé, qui semblait indiquer que Ligonnès ne dormait pas dans la chambre. Pour quelle raison ?

Je tirai sur la poignée mais la porte vitrée était fermée à clé. Je tournai les talons, observai au-delà de la terrasse la même portion de forêt que je voyais depuis chez moi. Machinalement, mes yeux tombèrent sur la table où l'homme en peignoir se tenait chaque matin, plongé dans la dégustation de son café. Une tasse et un journal étaient encore dessus.

Je m'approchai.

Je remarquai que la tasse était vide. Quand je dis vide, je veux dire qu'aucun café ne se trouvait dedans, qu'elle était comme neuve, propre, sans l'ombre d'une trace marron sur les parois intérieures qui atteste qu'il y ait jamais eu du café dedans. Je pris le journal en main, le *Midi Libre*, en parcourus la une. ACCIDENT MORTEL À CARCASSONNE. LA VOITURE DEMEURE INTROUVABLE ! UNE AUDI ROUGE AURAIT PRIS LA FUITE…

Je fronçai les sourcils. Je me souvins qu'un peu moins d'un mois auparavant, il était arrivé le même genre de fait divers. À Carcassonne aussi. Une Audi rouge responsable d'un accident était activement recherchée par la police. S'agissait-il d'une coïncidence ? D'un nouvel accident ? Je regardai la date. C'était le journal du 2 mai. Il me sembla que le monde entier s'écroulait autour de moi lorsque je pris conscience que tous les matins depuis trois jours, Ligonnès, alias Miguel, buvait une tasse vide et lisait le même journal.

Mais même au comble de l'horreur, il peut toujours arriver pire. J'entendis le moteur de la voiture de mon voisin cahoter sur le chemin, et il se gara derrière la maison. Je courus jusqu'au muret, l'escaladai si vite que je m'étalai de l'autre côté. Je me relevai et entrai chez moi. Là, je pus souffler un peu. Jusqu'à ce que l'on sonne. Je sursautai, terrorisé. J'essayai de me recomposer, me repeignai devant le miroir, époussetai la terre et le gazon collés à mon pyjama et allai ouvrir.

Miguel-Ligonnès était là, sur le seuil, souriant. Il tenait une bouteille de vin dans la main.

— On pourrait *sé* faire un brunch ! proposa-t-il.

— Je… oui… pourquoi pas ?

Il entra. Avant de refermer la porte, je jetai un œil dehors et l'angoisse la plus absolue s'abattit sur moi. La voiture qui venait de se garer devant la maison voisine, la voiture que conduisait Xavier Dupont de Ligonnès, eh bien, je vous le donne en mille…

C'était une Audi rouge.

Romain Puértolas
(L'enquête)

Les années filèrent à la vitesse d'un train lancé à toute allure, j'appris le suicide de Michel Rétif, des gens apercevaient toujours Xavier Dupont de Ligonnès un peu partout dans le monde mais, pris par autre chose, je n'écrivais plus sur lui, même s'il m'obsédait toujours.

De temps en temps, Patricia me demandait comment allait mon livre. Car voilà en quoi s'était convertie mon enquête : un roman. L'écrivain avait fini par tuer le policier. Et la réalité, l'écrivain. Trop de blancs à combler. Plus aucune piste. Je ne cessais de penser à ce qu'elle m'avait dit : « Tu sais, à force d'imaginer, tu vas peut-être tomber sur la vérité. » Alors j'imaginais. Je fantasmais. Ligonnès était devenu un personnage de roman à part entière. Un Monte-Cristo ne vengeant personne, un Phileas Fogg sans classe, un Robinson Crusoé sans île. Je le faisais penser, manger, voyager au gré de mes envies, de mes caprices. Il était le Don Quichotte des temps modernes. Le nouveau Juif errant. Tout pouvait lui arriver. Il me fallait juste décider. Et cette infinité de possibles comblait ma soif de conquête et de liberté.

Le jour d'avril 2020 où j'appris qu'un étudiant en Erasmus l'avait aperçu dans le massif de Collserola, je relus les rapports de police traitant des deux derniers témoignages de sa présence à Versailles, le 9 juin 2011. Selon moi, Ligonnès venait de voir sa mère. Il avait renfloué son cœur et ses caisses. Les cadavres de sa famille avaient été retrouvés, on le recherchait. Il ne lui restait plus qu'une seule option. Celle qu'il aurait dû prendre depuis le début. Partir à l'étranger. Disparaître enfin. Le danger le guettait à chaque coin de rue française. Il devait prendre de la distance.

Il me fallut me préparer moi aussi au grand voyage.

À cause du témoignage de l'étudiant, l'Espagne était l'évidence même. Cette hypothèse me plaisait. Finalement, c'était ce que je connaissais le mieux. Et puis j'avais trouvé dans la lecture de *Glacé* une sorte de confirmation. Dès la première page du premier chapitre il y avait cette phrase : « À en croire la carte routière sur le tableau de bord, elle devait emprunter la prochaine sortie et prendre la direction du sud, vers l'Espagne. » Il n'en avait pas fallu plus pour affoler mon imagination. Peut-être cette phrase anodine avait-elle eu aussi son petit effet sur Ligonnès lorsqu'il lisait le livre de Bernard Minier dans le Formule 1 de Roquebrune-sur-Argens et se demandait quel serait son prochain mouvement. Il parlait couramment espagnol et ses traits physiques pouvaient le faire passer pour un Ibère. Ces quelques mots avaient pu provoquer l'étincelle de désir pour ce pays. Qui sait ? Il avait pu s'identifier au personnage de Diane qui descendait vers le Sud et « avait passé la nuit à Toulouse. Un hôtel économique, une chambre minuscule avec une salle d'eau en plastique moulé et une mini-télé », quand lui aussi, trois jours avant le Formule 1, avait tracé sa route et dormi au Première Classe de Blagnac.

Était-il si échevelé de penser que, explorant toutes les possibilités qui s'offraient à lui, Ligonnès avait repensé au personnage de ce roman qui l'accompagnait ? J'aimais à penser que j'avais raison, et l'étudiant en Erasmus venait de me le confirmer.

Bien que nous partagions une frontière, bien que nous soyons voisins, l'affaire n'était pas connue par le grand public de ce côté-ci des Pyrénées. À Malaga, je n'en avais jamais entendu parler aux infos.

— Je le tiens, dis-je à Patricia. Il est en Espagne !

J'avais imaginé qu'elle sursauterait, horrifiée à l'idée de pouvoir un jour le croiser à l'Aldi du coin. Comme d'habitude, elle haussa les épaules puis me demanda d'aller acheter du sel pour la piscine qui commençait à virer au vert.

C'est en chargeant les sacs de vingt-cinq kilos, quelques minutes plus tard, dans le coffre de ma voiture, que j'eus la désagréable sensation d'être Xavier Dupont de Ligonnès en train d'acheter ses sacs de chaux vive. L'inspiration me frappa comme la foudre et le récit de l'escapade de Ligonnès en Espagne me vint à l'esprit en refermant le coffre. Je pris mon téléphone portable, ouvris un nouveau mail et commençai à écrire.

Xavier Dupont de Ligonnès
(à partir du jeudi 9 juin 2011)

Xavier a rechargé les batteries. Il a surtout rechargé le portefeuille. Il sort de chez sa mère un sourire sur le visage. Heureux de les avoir revues, elle et Christine. Heureux des neuf mille euros en billets de cinquante qui sont maintenant dans son sac à dos.

— Je le savais, a dit sa mère. Je savais que tu étais vivant, une mère sait cela.

Elle l'a pris dans ses bras, l'a serré fort contre elle. Elle n'a jamais douté de lui. Son Xavier est l'élu, celui qui survivra à l'Apocalypse, à laquelle il faudra redonner une date. 2029, pourquoi pas, ça laisse le temps de voir venir. Ils n'ont pas osé parler des faits. Agnès et les enfants. Geneviève a eu la décence de ne pas lui demander s'il est coupable de tout ce dont on l'accuse. En son for intérieur, elle veut continuer de croire qu'il n'y est pour rien et elle ne veut surtout pas qu'il lui apprenne la vérité. Elle ne veut rien savoir. Elle préfère vivre dans l'ignorance. C'est son fils adoré. Son petit garçon. Or, un petit garçon ne tue pas cinq personnes et deux chiens.

Xavier est monté la voir car il a décidé de quitter la France, de partir en Espagne. Avant qu'ils se séparent, elle lui a dit : « Attends ! » et elle est allée chercher l'argent qu'elle garde dans le tiroir de la table de chevet de sa chambre. L'argent qu'elle a retiré en prévision de ce jour où son fils réapparaîtrait.

— J'imagine que tu en auras besoin.

Xavier a hoché la tête.

— Merci, maman.

Il l'a embrassée, a étreint sa sœur et s'en est allé.

Il monte dans le bus, traverse Versailles pour se rendre au centre commercial des Ulis où il fait deux, trois courses, puis va à la gare où il prend le RER pour Paris. À la gare de Lyon, il monte dans le train de 15 h 12. À 21 h 54, il sera à Barcelone.

En descendant du train, une chaleur étouffante l'accueille à la gare de Barcelona-Sants. Xavier pense qu'il s'agit des moteurs des machines, du travail des locomotives qui circulent dans l'air renfermé des lieux, car les quais de la gare de Barcelone sont sous terre, mais en sortant sur l'esplanade, il réalise que c'est l'atmosphère tout entière de la ville qui a atteint cette température. Bienvenue en Espagne, se dit-il en ouvrant un bouton de sa chemise et en s'éventant à l'aide d'un prospectus que l'on vient de lui donner et qui annonce l'ouverture prochaine d'un restaurant. Il scrute les immeubles qui s'étalent devant lui, observe le fourmillement des voitures, la frénésie des voyageurs qui arrivent en retard pour prendre leur train, des passants insouciants ou pressés par des affaires qui ne concernent qu'eux. Xavier se sent anonyme au milieu de ce paysage, soulagé.

Ce soir-là, il n'ose pas encore s'immiscer dans la ville qui s'apprête à dormir, bien qu'on ne dorme jamais vraiment à Barcelone. Il réserve une chambre au Gran Hotel Torre Catalunya, quatre étoiles, derrière la gare, s'assoit à la table du restaurant où il commande un hamburger-frites et un verre de vin rouge local. Ce sera un Sangre de Toro. Le sommelier lui explique qu'il se nomme ainsi car il semblerait que le viticulteur introduise une goutte de sang de taureau dans chaque bouteille. L'anecdote fait sourire Xavier. Il lève son verre et en boit une gorgée tout en laissant divaguer son regard à travers les grandes baies vitrées par lesquelles lui parviennent les lumières de la ville qu'il devra dompter. À ma nouvelle vie, trinque-t-il. Mais il se sent bien seul.

Il n'est de tristesse qu'un lever de soleil sur Barcelone ne dissipe.

Les rayons auréolent doucement la montagne de Montjuïc, à quelques pas de là, et pénètrent par la fenêtre dont Xavier a laissé les rideaux ouverts afin de profiter du spectacle. Il paresse sous les draps, histoire de rentabiliser la chambre, scrute chaque détail du Palais national qui s'érige au-dessus d'une cascade et qu'il voit parfaitement de son lit. Il loge à l'étage le plus élevé de la tour. Ce sera le dernier quatre-étoiles qu'il se permettra avant longtemps. La priorité est maintenant de trouver un emploi, de s'intégrer, de devenir quelqu'un d'autre. Il devra tout d'abord chercher un appartement à louer. Une chambre plutôt. Une chambre à soi. Comme Virginia Woolf. Il s'invente les bribes d'un personnage. Car un homme de cinquante ans à la recherche d'une chambre à louer pourrait éveiller les soupçons. Changer de nationalité, d'abord. Son accent français le trahira tôt ou tard, il opte donc pour des origines canadiennes. Du Québec, plus précisément. Changer de nom, ensuite. Ce sera Philippe. Philippe M., le nom de famille d'un ancien copain de classe de Versailles.

En sortant, il se procure quelques bricoles à manger au Supermercat Esclat, les met dans son sac à dos et va acheter le journal local, *La Vanguardia*. Il s'assoit à la terrasse d'un café, le feuillette. Dans les dernières pages, il trouve une section dédiée aux logements, entoure quelques annonces au stylo Bic et compose les numéros afin de programmer des visites. À 16 heures, il en choisit une à sa convenance dans la Carrer de Rocafort, entre une sandwicherie et un vendeur de miroirs. C'est une chambre dans un appartement à partager avec une seule autre personne : un Péruvien, étudiant en architecture. Il paye les deux cents euros du mois, plus une caution de deux mois, remplit quelques papiers avec sa fausse identité et emménage aussitôt. À la propriétaire, une vieille bourgeoise qui vit à quatre rues de là, il déclare arriver du Canada, où la boîte d'informatique qui l'emploie, en faillite, a décidé de se passer de ses services, et être à la recherche d'un travail. Il lui

190

dit de ne pas s'inquiéter, qu'en attendant, il a assez d'argent de côté pour le loyer. Elle n'est pas du tout soucieuse. Un sourire aux lèvres, elle lui dit que s'il y a le moindre retard dans le paiement, elle lui enverra son beau-frère, qui travaille dans la police. Au mot « police », Xavier se tend, sourit à son tour.

— *No habrá ningún problema*, répond-il.

Le soir même, Luis, l'étudiant péruvien, l'invite dans un café de la plage pour faire connaissance. Xavier ne peut y couper. Il en dira le moins possible. Cela tombe bien, l'autre parle pour deux. D'architecture, plus particulièrement, ce qui intéresse assez le Français.

— C'est Antoni Gaudí qui a construit les œuvres les plus emblématiques de Barcelone. L'histoire raconte que sa servante avait pour habitude de cuisiner, sans le savoir, des omelettes aux champignons hallucinogènes, qui auraient été à l'origine des idées surréalistes de l'artiste. En 1926, alors qu'il se rendait à l'église pour se confesser, il s'est fait écraser par un tramway, qui l'a laissé inconscient sur le trottoir. À cause de son aspect négligé, les gens ont cru que c'était un clochard et ils ne l'ont pas secouru. Un membre de la Guardia Civil a fini par l'amener à l'hôpital, où il est mort le lendemain. C'est triste, pas vrai ?

— Très…

— Tu vois, ce poisson, là ? (Le Péruvien signale du doigt l'imposante sculpture métallique qui surplombe la plage, en forme de poisson aux écailles dorées.) Il fait cinquante-six mètres de long et trente-cinq de hauteur. C'est une œuvre d'un compatriote à toi, le Canadien Frank Gehry. Ils l'ont construit en 1992, pour les Jeux olympiques. En même temps que ces deux tours, la Tour Mapfre et l'Hôtel Arts.

Tel un papillon, le Français se sent aussitôt attiré par la lumière des discothèques du Port Olímpic qui s'étalent sous le poisson, au pied d'un gigantesque hôtel dont les chambres donnent sur la mer, et dont on entend d'ici la musique entraînante. Il pourrait prendre congé de son colocataire, aller y boire un verre, draguer un peu, se faire une copine d'un soir. Mais une petite voix en lui, celle de la raison, lui conseille d'éviter de fréquenter les endroits touristiques où il pourrait croiser des Français. Finalement, ils rentrent vers 22 heures à leur appartement. Une bonne heure pour se coucher, pense le fugitif. Demain sera un nouveau jour.

Les semaines suivantes, Xavier les occupe à dénicher des offres d'emploi intéressantes dans les journaux, auxquelles il répond parfois. Il s'est acheté un costume chez Zara qui fait bonne impression. Il est très vite embauché par une entreprise de consulting en informatique. Xavier a déjà de bonnes bases. La formation d'une semaine qu'on lui propose se passe bien. On lui demande cependant de s'inscrire à l'Extranjería, le service des étrangers, pour obtenir un numéro fiscal, ce qui l'enchante moins. Sur un ordinateur de son nouveau bureau, il retouche avec un logiciel photographique une carte d'identité canadienne trouvée sur le Net et va faire quelques photocopies à la papeterie du coin. Quelques jours après, sans trop de difficulté – les services de police n'étant pas très regardants avec les citoyens de pays sûrs tels que le Canada –, il devient officiellement Philippe M. et obtient le sésame qui lui permet de travailler légalement.

Xavier mène une vie d'ascète. Il se lève chaque matin à 7 heures, prend un petit déjeuner frugal puis part au bureau, où il arrive avant tout le monde. Il aime ce calme avant la tempête. Ce silence religieux de cathédrale. Cette solitude. Il avance un peu le travail de la journée, cherche deux, trois choses sur Internet, lit le journal de la veille trouvé dans la salle de repos. Le soir, il est le dernier à rentrer chez lui, vers 20 heures, dîne avec le Péruvien, qui a toujours une bonne anecdote sur le monde de l'architecture, regarde un film sur la télé de sa chambre et s'endort. Xavier est discret. Il cache son visage derrière une grosse barbe noire et ses cheveux, longs, sont ramassés en une queue-de-cheval, ce qui lui confère un petit look hipster très à la mode. Il ne met que des costumes-cravates (avec son salaire, il a pu s'en acheter d'autres). Il est très bien considéré de sa hiérarchie et est en bonne voie d'être promu chef du service IP.

Un soir, il se risque à aller au Port Olímpic. Il met une casquette et des lunettes de soleil, s'observe un instant dans le miroir du vestibule. Méconnaissable. Luis s'excuse de ne pouvoir l'accompagner, il a un partiel le lendemain. Xavier préfère ça. Le Péruvien aurait plus été un empêchement qu'une aide, à l'heure de draguer. Il n'a aucune conversation si ce n'est sur l'architecture et le Français ne lui connaît aucune copine.

Sur le port, les discothèques se suivent et se ressemblent. Le niveau de la musique est à la limite du supportable, les jeunes sont ivres. Xavier est de loin le plus vieux. Des femmes en string dansent sur les comptoirs afin d'attirer le chaland. La drogue doit y circuler à flots, la prostitution y être bien implantée, mais, depuis le trottoir, on ne voit rien. Une fille s'approche de Xavier et l'invite à entrer en lui tendant un flyer qui lui donnera droit à une réduction de deux euros sur la boisson de son choix.

L'offre est tentante. Il accepte, se poste au comptoir et demande un rhum-coca.

— Barceló ? Cacique ? l'apostrophe la serveuse en lui montrant les étiquettes.

Le Français comprend qu'elle lui demande s'il a ses préférences. Il répond « Barceló », au pif, sans savoir qu'il y a exactement le même rhum de marque blanche dans les deux bouteilles. Puis il donne le ticket et les euros. Il se retourne vers la piste de danse, accoudé au comptoir. À sa droite, une jolie fille en robe cintrée noire se dandine, une paille entre ses lèvres pulpeuses.

— *Hola !* lui dit-il.

Elle détourne son regard de la piste, le scrute quelques secondes, puis lui sourit. Il a l'air à son goût.

194

— *Ves algo ?* lui demande-t-elle en riant.

« Tu vois quelque chose ? » Il réalise qu'il a toujours ses lunettes de soleil, les enlève, persuadé qu'il ne craint rien ici. Elle continue de se déhancher au rythme de la musique. Du reggaeton, apprendra-t-il plus tard, un mélange de rap, de reggae et de musique électronique. Elle doit avoir à peine la vingtaine mais elle n'a pas l'air trop regardante sur l'âge de Xavier, enfin, de Philippe. Si elle lui demande, il se rajeunira de cinq ans, dira quarante-cinq, pour ne pas trop l'effrayer. Mais apparemment, c'est une de ces filles qui aiment les vieux. Peut-être pour leur portefeuille, pense-t-il. Mais au point où il en est, ce n'est pas trop grave. Ils parlent toute la soirée, se lient d'amitié et décident de se retrouver le week-end suivant sur la plage de la Barceloneta. Ils échangent leur numéro de portable et se quittent vers 4 heures du matin.

Nuria est vendeuse chez Zara. Très vite, ils ont une relation. Amicale, puis sexuelle. Il s'aperçoit qu'il s'est trompé sur elle. Qu'il n'est la proie d'aucune mangeuse d'hommes. Elle a un boulot, elle est indépendante et tient à le rester. Elle n'habite plus chez ses parents depuis l'âge de vingt-trois ans, ce qui est rare dans ce pays où les enfants restent en général au domicile parental jusqu'à ce qu'ils se marient. Elle insiste d'ailleurs pour payer la moitié du temps les restaurants où ils se retrouvent. Xavier aime ça. Il ne l'en trouve que plus belle. Elle sait ce qu'elle veut. Elle est déterminée. Comme lui.

Elle vit dans une petite maison qui appartenait à sa tante, dans la sierra de Collserola, un massif montagneux aux abords de Barcelone. C'est là qu'ils passent leurs week-ends, à boire, à fumer, à rigoler et à faire l'amour. Xavier vient de gagner une deuxième jeunesse. Elle l'appelle Philippe, quelquefois Felipe. Elle ne sait de lui que ce qu'il a bien voulu lui raconter, des mensonges, et ne l'interroge pas. Xavier aime cela aussi. Il n'a plus à mentir. C'est moins fatigant. Inventer n'est pas le plus difficile, il faut ensuite se souvenir de ce que l'on invente, ce qui demande un gros effort de concentration durant les conversations. Nuria ne pose pas de questions. Il l'aime de plus en plus.

Les années passent. 2020 arrive. Le Covid entre en scène et le gouvernement espagnol décrète l'interdiction de sortir.

— Viens vivre chez moi, lui propose-t-elle. De toute façon, t'es toujours fourré dans mon lit. Et puis, tu seras mieux dans une maison au vert que dans ta chambre de bonne avec ton architecte péruvien !

Malgré son jeune âge, Nuria a le don de persuasion.

Collserola est le poumon de Barcelone avec ses milliers d'hectares de pins d'Alep et de chênes verts. Xavier accepte et emménage chez la jeune femme. Le fait que les villas soient éloignées les unes des autres et l'absence flagrante de la police dans les parages poussent le fugitif à sortir de temps en temps pour marcher dans les bois. Il aime aller ramasser des champignons. Cela le détend. Il les met dans ses omelettes pour impressionner Nuria. Il repense à l'histoire de Gaudí que lui a racontée Luis. Ce serait marrant de tomber sur des champignons hallucinogènes. Enfin, bon, pas sur des mortels. Comme tout Espagnol, elle ne connaît que la *tortilla*, une épaisse omelette faites d'œufs, de pommes de terre et d'oignons frits. Les Français, eux, sont connus ici pour la *tortilla francesa*, une omelette ne contenant que des œufs, sans rien d'autre. Xavier, alias Philippe, lui montre que les omelettes des Français sont, au contraire, bien plus riches qu'ils le croient. Champignons, fines herbes, ciboulette, poivrons rouges et verts. Un après-midi qu'il est en pleine cueillette à un kilomètre de la maison, son sac en plastique à la main rempli de *ou de reig*, d'*apagallums*, de *pampas*, de *carlets* et de trompettes-de-la-mort, il croise un jeune homme sur le chemin de terre. En passant à son niveau, il s'aperçoit que celui-ci le dévisage et son cœur fait un bond dans la poitrine. L'a-t-il reconnu ? Non. Il se fait des idées. Il ignore qu'à peine rentré, le jeune Français se connectera à son forum de jeux vidéo préféré sur Internet et laissera un post : « J'ai vu Xavier Dupont de Ligonnès. »

Affaire Romain Puértolas
(Cour d'assises de Toulouse)

— Bon, c'est bien beau tout ça, mais il faudrait peut-être en venir aux faits, monsieur Puértolas. À ce tragique repas du 26 mai 2023 ! Au couteau à beurre !

— À la friteuse, surtout ! s'écrie mon avocat.

— Un détail, compte tenu du fait que c'est votre client qui a attaqué M. Dupont de Ligonnès avec un couteau à beurre !

— Parce que M. Dupont de Ligonnès l'avait attaqué avec une friteuse !

— Messieurs, du calme, tempère le président du tribunal, agacé par ce combat de coqs. Monsieur Puértolas, parlez-nous donc du repas.

— En revenant de Bricomarché, Ligonnès est entré chez moi avec une bouteille de vin rouge et comme il devait être 10 h 30, 11 heures, il m'a proposé de faire un brunch. C'est un mélange de petit déjeuner et de repas de midi.

— La cour sait parfaitement ce qu'est un brunch.

— À ce moment-là, j'aurais dû me douter que les choses allaient mal finir.

— Ah bon ? Et pour qui ? demande l'avocat général en souriant.

Romain Puértolas
(L'enquête)

Voilà, c'était réglé.

L'affaire était entendue.

C'était pesé, vendu, comme on dit. Xavier Dupont de Ligonnès s'était enfui en Espagne. Je tomberais peut-être sur lui un jour devant une *churrería* ou dans un restaurant sur une aire d'autoroute. Il y avait comme une fatalité derrière tout cela. Je le cherchais en chaque personne que je croisais, dans des endroits touristiques, dans des endroits déserts, en ville comme en forêt ou en montagne. J'avais cette espèce de foi, d'espoir qui toujours m'habitait et qu'aucun vent ne pouvait éteindre.

Mille.

C'était le nombre de fois où Xavier Dupont de Ligonnès avait été aperçu après le 15 avril 2011. Plus de mille témoignages avaient été recensés en onze ans. Au monastère Saint-Désert dans le Var, dans une abbaye de l'Indre, dans un bus à Versailles, à Bastia, dans un train à Soulac-sur-Mer, dans un restaurant de Mondovi, en Italie, à l'aéroport de Glasgow, sur le bord d'un lac à Chicago, à Sospel.

Tel Jean Valjean, et « comme tous ces tristes fugitifs qui tâchent de dépister le guet de la loi et la fatalité sociale », le fantôme de Ligonnès apparaissait de temps en temps dans l'actualité pour qu'on ne l'oublie pas. Hugo l'écrivait déjà en 1862 : « On a pu, plus tard, retrouver quelque trace de son passage dans l'Ain. [...] On vient de le voir à Montfermeil. [...] Du reste on le croyait mort, et cela épaississait l'obscurité qui s'était faite sur lui. » On n'aurait pu mieux écrire concernant Ligonnès.

Bien évidemment, il était impossible de donner crédit à ces mille apparitions, à moins que le fugitif n'ait pris aucune précaution, ce qui était peu vraisemblable. Que dire, donc ? Que les gens ne sont pas physionomistes pour un sou, ou du moins pas aussi physionomistes qu'ils le pensent. Et si vous en doutez encore, cherchez la photo du pauvre Guy Joao que l'on a pris pour Ligonnès à Glasgow. Mais quoi de plus normal, bon sang ? Le grand public n'avait eu à sa disposition pendant toutes ces années que des photos du fugitif antérieures à 2011 et était resté avec ce visage en mémoire, alors que treize ans avaient passé, ce qui peut signifier un changement important. Des rides, des cheveux blancs, l'affaissement des paupières. Un détail peut changer l'expression d'un visage.

J'ai toujours pensé que les clichés de Ligonnès qui circulaient auraient dû prendre en compte ce vieillissement, comme on vieillit les portraits des enfants disparus en fonction de l'âge qu'ils auraient cinq ou dix ans plus tard. Je me souviens des débuts de cette pratique et de ces portraits artificiels, composés de toutes pièces par des logiciels de piètre qualité. Ces visages déformés, irréels, qui n'apparaissaient pas sur nos packs de lait, comme ça aurait été le cas aux États-Unis. La petite Estelle Mouzin, volatilisée dans les rues de Guermantes, devenue adolescente par les miracles de l'informatique.

En bons citoyens, nous avions imprimé notre rétine de la photo la plus diffusée de Xavier Dupont de Ligonnès, sur laquelle il porte une petite veste blanche par-dessus un col roulé noir. Mais plus le temps passait, et plus Ligonnès vieillissait, et moins il ressemblait aux photos dont on disposait. Sans compter cet autre problème, gigantesque : Ligonnès ressemblait à tout le monde. La réciproque était aussi exacte. Tout le monde ressemblait à Xavier Dupont de Ligonnès ! Même moi en 1993, pendant mes années de DJ et producteur de rap, lorsque j'arborais lunettes et crâne rasé.

Alors comment ne pas le voir partout ?

Car c'était bien cela, le problème, on le voyait partout.

Je riais sous cape, persuadé que Ligonnès coulait toujours des jours paisibles en Espagne, lorsque, un jour, en 2022, il y avait eu cet article de journal – quant à moi, j'étais alors séparé de Patricia et des enfants et je vivais à La Bastide-de-Bousignac.

Ce nouveau témoignage, il était bien difficile de ne pas le prendre en compte car il venait de quelqu'un connaissant personnellement le fugitif, et donc de quelqu'un plus à même de le reconnaître que quiconque.

Une femme avait affirmé avoir croisé la route du fugitif dans le quartier français de San Francisco en 2015. Alors qu'elle entrait dans une boulangerie, Catherine D., l'épouse d'un notable de Nantes qui rendait visite à leur fils employé dans la Silicon Valley, avait été bousculée. En se retournant, elle avait alors « immédiatement reconnu Xavier Dupont de Ligonnès » et prononcé, à voix haute, son prénom. L'homme, habillé d'une chemise ajustée et impeccablement rasé, avait alors perdu ses moyens, « écarquillé les yeux avant de faire demi-tour au pas de course ».

Piste ou quiproquo ? Nous ne le saurons jamais, cette information avait été révélée le 14 juillet 2022 – soit sept ans après cette rencontre à San Francisco ! – et la femme en question était décédée entre-temps. Là aussi, il aurait été intéressant qu'elle en parle tout de suite à la police américaine, qu'elle donne le nom de la boulangerie, que l'on consulte les enregistrements des caméras de surveillance du secteur. Encore une fois, la piste n'avait pas été exploitée. Elle ne le serait jamais.

Mais je la crus, moi.

Car je suis un vieux singe qui s'accroche à la moindre branche pourrie, j'en ai bien conscience. Je la crus parce que j'en avais besoin. Parce que j'avais trop inventé. J'avais désormais besoin de vérité. D'ancrer ma fiction dans le réel. Et puis, Catherine D. était une amie proche de la famille Ligonnès. Difficile de concevoir qu'elle ait pu se tromper, tout de même.

Je la crus, oui, en dépit de ce que cela signifiait pour moi. Je m'étais fourvoyé. Xavier Dupont de Ligonnès n'avait pas fui en Espagne, il n'y avait pas vécu heureux comme je l'avais imaginé, n'avait pas concocté de succulentes *tortillas* aux cèpes à une jeune et jolie vendeuse de chez Zara dont il s'était follement épris – j'ai toujours été trop romantique. Il n'avait jamais été en Espagne, lui préférant l'Amérique, ce qui était en soi beaucoup plus logique, compréhensible, lorsqu'on connaît l'homme.

Cette version me semblait la meilleure solution, de loin, pour lui. Il y avait déjà séjourné plusieurs années, dans différents États, parlait la langue anglaise, qu'il dominait, avec un accent américain, il était débrouillard, charismatique, un genre que les Américains apprécient, les USA étaient un pays immense, éloigné du vieux continent, pas du tout au courant des choses de l'Europe, d'ailleurs. Il avait fallu attendre 2020 pour que l'on commence à parler de l'affaire Ligonnès aux États-Unis, dans la série Netflix intitulée *Unsolved Mysteries* – celle qui avait permis de mettre la main sur John List. Soit neuf ans après le crime. Ce qui, bien entendu, avait amené son lot de témoignages d'Américains persuadés de l'avoir

204

vu. Le producteur exécutif de la série, Terry Dunn Meurer, avait confié avoir reçu un signalement intéressant : « Quelqu'un se trouvait à Chicago, sur Lake Shore Drive, et il a entendu ce gars parler en français. Cela l'a interpellé parce qu'il venait juste de voir la série. Il nous a envoyé une photo et il ressemblait vraiment à Ligonnès. Alors on a transmis le message à la police. » Encore une fois, aucune suite ne fut donnée à ce témoignage. Mais après tout, la police ne recherchait pas « activement » Ligonnès…

Paradoxalement, la piste américaine m'avait semblé, du moins au début, la moins probable. En tant que flic, j'avais réalisé toute ma carrière à la police aux frontières, d'abord dans l'unité d'analyse stratégique (UAS) et comme responsable de la fraude documentaire de l'OCRIEST, puis à la direction centrale. En réalité, j'avais suivi mon patron, Jean-Michel Fauvergue, qui deviendrait chef du RAID un peu plus tard, pour qui j'avais beaucoup d'admiration. Le fait est que je connaissais sur le bout des doigts tous les modes opératoires des clandestins qui traversaient chaque jour les frontières, que ce soit par voie terrestre, maritime ou aérienne. J'avais également une connaissance assez étendue des techniques de contrefaçon, de falsification, d'obtention indue de documents d'identité et de voyage. Si Ligonnès avait privilégié la piste des États-Unis, il aurait dû le faire avant le 21 avril 2011, c'est-à-dire avant la découverte des corps, période où il pouvait encore voyager librement sans être inquiété. À partir de cette date et de son intégration dans le fichier des personnes recherchées, Ligonnès aurait déclenché toutes les alertes en présentant son passeport au passage de frontière d'un aéroport.

Mettons qu'il ait voulu prendre un avion avant le 21, il lui aurait obligatoirement fallu un visa, ce qui lui aurait pris du temps, lui aurait demandé une certaine organisation, et surtout, aurait laissé des traces. Or, ce n'était pas le cas. À moins qu'il ait voyagé avec un faux document d'identité… Nous entrons alors dans des suppositions de moins en moins vraisemblables.

Se mettre en contact avec un passeur, qui lui aurait fourni de faux papiers, assez bons pour qu'il ne prenne pas trop de risques, était relativement improbable. Il lui aurait fallu se mettre en relation, sur le sol français, avec une organisation de passage. Or, ce sont des réseaux qui, la plupart du temps, fonctionnent par nationalité (les Pakistanais font passer des Pakistanais, les Afghans, des Afghans, etc.). Imaginer ce blanc-bec de Ligonnès approcher des « clandos » de la gare de l'Est à la recherche d'un faux passeport était assez absurde… On l'aurait tout de suite pris pour un flic, ou alors on lui aurait tout au plus vendu des cigarettes, et Ligonnès serait reparti tout penaud avec son paquet d'American Legend.

S'il avait voulu se rendre aux États-Unis, Ligonnès n'aurait eu d'autre choix que de prendre soit un avion soit un bateau. Commençons par l'avion.

La seule solution envisageable, mais tout de même très difficile à réaliser, aurait été qu'il se rende à Roissy-Charles-de-Gaulle et y passe ses journées dans l'espoir : 1, de repérer un homme qui lui ressemble suffisamment ; 2, que cet homme voyage aux États-Unis et possède un visa valide ; 3, de lui voler le passeport et le billet d'avion (!) avant que celui-ci passe le premier contrôle de sécurité ; 4, d'utiliser le tout avant que le lésé se rende compte du vol et porte plainte au poste de police de l'aéroport, son passeport intégrant de ce fait automatiquement la base de données des documents de voyage et d'identité déclarés volés ou perdus, dont nul ne peut plus se servir sans être interpellé. Et donc retour à la case départ.

Toute arrivée aux États-Unis donne lieu à une prise d'empreintes par les services d'immigration, dès l'aéroport. Si Ligonnès y était entré de manière légale, il aurait dû lui aussi se plier à ces mesures. Je ne pense pas que les empreintes de Ligonnès soient répertoriées, et ce, dans quelque base de données que ce soit. Le FAED (fichier automatisé des empreintes digitales) ne contient que celles des personnes ayant été arrêtées pour des crimes et délits et les conserve pendant vingt-cinq ans. Or, à ma connaissance, Ligonnès n'avait jamais été mis en cause, avant son quintuple assassinat, et n'y figurait donc pas. Au moment où j'écris ces lignes, un article trouvé sur le Web m'apprend que la police disposerait d'une empreinte digitale du suspect (son index) découverte sur un document d'identité et de son ADN récupéré sur de nombreux mégots. Dois-je le croire ?

Voler un passeport donc, et ressembler assez à la victime pour pouvoir se faire passer pour elle le temps d'un embarquement d'avion. La technique du *look alike* (voler un vrai document d'identité à quelqu'un qui nous ressemble physiquement afin de pouvoir l'utiliser à sa place) était un mode opératoire assez répandu chez les Africains. Avec un seul passeport, tout un village pouvait entrer en France. Le premier passait ; une fois entré, il renvoyait le passeport au bled par la poste, son cousin l'utilisait pour passer la frontière, puis le voisin, l'ami du voisin, et ainsi de suite *ad nauseam*. Débarquait ainsi dans les Yvelines tout un village érythréen. Mais Ligonnès ne devait pas être au courant de ce genre de pratiques et aurait pris d'énormes risques à tenter de le faire tout seul : la majorité des migrants illégaux sont intégralement pris en charge par des réseaux.

Mais bon, pourquoi pas ? On pouvait imaginer Ligonnès à l'affût dans un aéroport, à la recherche d'une victime. D'après les déclarations d'un ami proche de Guy Joao, l'homme que l'on avait pris pour Ligonnès à l'aéroport de Glasgow, celui-ci s'était fait voler ses documents d'identité dans sa sacoche à Roissy-Charles-de-Gaulle en 2014. Avait-on vérifié où Guy Joao se rendait à ce moment-là ? Y avait-il un visa valide pour les États-Unis collé dans son passeport ? Sachant qu'il faut aussi un billet d'avion pour voyager et que le nom sur le billet doit correspondre au nom du passeport, un certain Guy Joao avait-il pris un avion le jour du vol de ses papiers, ou les jours suivants ? Ce genre d'enquête, basique, avait-elle été réalisée ? Je l'ignorais.

Je penchais plutôt pour une autre route, bien moins risquée. La traversée de l'Atlantique en bateau. Entrer aux États-Unis était beaucoup plus facile par la voie terrestre depuis le Mexique, qu'on atteint par voilier ou cargo en une dizaine de jours depuis Le Havre pour un millier d'euros. Les clandestins hispaniques faisaient cela chaque jour, sans aucun papier, sans laisser de traces. Et puis, le Mexique possédait une frontière avec le Texas… (Retenez ce nom.)

Le 12 avril 2011, Michel Rétif, toujours lui, avait reçu une enveloppe de Ligonnès, postée le 9 avril, donc la veille de son départ de Nantes, contenant les photos des deux amis pendant leurs voyages aux États-Unis, et une mystérieuse lettre : « Je penserai bien à toi là-bas, pas le droit de te dire où, mais tu y es passé avec moi en novembre 1990. Indice à creuser… LOL. » Dans un documentaire, Bruno de Stabenrath, ami de lycée du fugitif, évoquait le petit village d'Alpine, dans le Texas, où, selon lui, Ligonnès avait rencontré une propriétaire de ranch appelée Mindy W. J'avais contacté Bruno sur Instagram et il m'avait confirmé que Mindy était bien son véritable prénom et qu'il ne possédait pas plus d'informations. Selon Stabenrath, toujours, Ligonnès y avait passé

« des jours tellement heureux qu'il aurait souhaité y terminer sa vie ». La phrase valait le détour.

C'est vrai que cela aurait été l'endroit idéal. Loin de tout. Loin de la France, loin des hommes. Loin de ceux qui connaissaient son crime. Loin de ceux qui connaissaient son visage. S'il n'y avait pas eu cet épisode sur lui dans *Unsolved Mysteries* en 2020, l'information ne serait jamais arrivée jusque là-bas, il aurait pu être tranquille avec sa chérie américaine, vivant à ses crochets dans ce petit paradis. Dépenser l'argent des autres, ça, Ligonnès savait faire. À la faveur d'une hospitalisation de son père, il avait allégé ses comptes de douze mille euros ; il avait dilapidé l'héritage de sa femme (plus de trois cent mille euros) ; il avait volé six mille euros à son ami Emmanuel en faisant croire à un cambriolage et avait « emprunté » cinquante mille euros à Catherine, une ancienne maîtresse – laquelle avait envoyé les huissiers à ses trousses en avril 2011, ce qui, je pense, avait précipité le passage à l'acte de Ligonnès. Il s'était retrouvé dans une situation désespérée, et cela avait déclenché sa folie meurtrière dans le but de disparaître et de tout reprendre de zéro, ailleurs sur la planète.

André Breton a raconté ce que son ami Jacques Vaché lui avait un jour dit : « Vous me croirez disparu, mort, et un jour [...] vous apprendrez qu'un certain Jacques Vaché vit retiré dans quelque Normandie. Il se livre à l'élevage. Il vous présentera sa femme, une enfant bien innocente qui ne se sera jamais doutée du péril qu'elle courait. Seuls quelques livres soigneusement dissimulés à l'étage supérieur attesteront que quelque chose s'est passé. » Changez la Normandie par le Texas et la coïncidence est accablante.

Il ne m'en fallut pas plus pour retomber dans l'obsession.

Je réussis à dégoter, sur la toile, deux photos de cette Mindy. Sur la seconde, elle se trouvait entre Ligonnès et Michel Rétif et avait un faux air de Marilyn Monroe.

Un détail attira cependant mon attention. Le lieu. En arrière-plan, on pouvait distinguer des préaux, une colline verte ponctuée d'arbres et coupée en deux par un massif rocailleux. Mais il y avait, au premier plan, ce mur de pierre arrondi que je trouvai inhabituel en ces contrées. Mon excitation était à son comble ! Ni une ni deux, je me précipitai sur Google Earth en me frottant les mains à l'idée que Xavier Dupont de Ligonnès avait eu la plus grande caméra de surveillance du monde au-dessus de lui tout ce temps. Un satellite !… Qu'il n'avait jamais soupçonné, ni n'avait pu éviter. Ha ha ha.

Par chance, Alpine était une agglomération assez compacte au milieu de rien. Il y avait donc de fortes probabilités que je puisse trouver un grand ranch dans les alentours sans trop d'efforts – ha ha ha. Je décidai de quadriller la zone en quatre parties. Nord-ouest, nord-est, sud-est, sud-ouest. Excité à l'idée de pouvoir tomber sur cette demeure de pierre – qui me semblait somme toute assez originale pour un ranch américain, la plupart dans le coin étant des maisons en tôle carrées, alors que la deuxième photo laissait supposer un arrondi, comme une tour –, je m'attelai à la tâche, de nouveau habité par l'espoir. J'étais persuadé que cela ne serait pas compliqué de trouver un rond au milieu d'autant de carrés – ha ha ha. Le risque demeurait que ce ranch n'existe plus – depuis novembre 1990, date de la photo, trente ans étaient passés ! – et que je perde mon temps à chercher quelque chose qui avait disparu, mais j'étais bien trop aveuglé par cette nouvelle piste pour imaginer une telle possibilité. Les préaux avaient peut-être été retirés ou modifiés, mais je doutais que l'on ait détruit la jolie petite maison en pierre. Du moins, je réussis à me convaincre de cela. Une seule limitation, cependant, la zone, désertique, n'avait pas été couverte par la petite voiture Google. Je ne disposais donc d'aucun Street View et donc d'aucune vue subjective qui ne soit pas aérienne. Il serait compliqué d'identifier le mur en pierre latéral depuis en haut – je ne riais plus.

J'y passais des heures et des heures, murmurant :

— Mindy, Mindy, où es-tu ?

Je m'imaginais me rendant à Alpine, armé de ma petite photo, la montrant à tout le monde, dans tous les commerces. « Vous savez où je peux trouver ce ranch ? Ce mur en pierre ne vous dit rien ? » Je m'imaginais sortant d'un *diner*, un restaurant du genre de celui que j'avais créé dans *Les Ravissantes*, après m'être empiffré de tacos et abreuvé de soda.

Un homme avec un chapeau de cow-boy aurait alors demandé à voir la photo, aurait répondu en hochant la tête : « Non, ce mur en pierre ne me dit rien, par contre, ce mec-là, avec les lunettes, je le connais. Il est vendeur chez Walmart, section terrasses de jardin. »

Mais au lieu de cela, je continuais de chercher, de scruter, de zoomer, de scroller, de déplacer mon curseur, de me perdre dans les montagnes du Texas, dans ce paysage désertique, jusqu'à m'apercevoir que j'étais arrivé jusqu'au Mexique, je devais alors dézoomer, repartir en arrière. Alpine, Texas, USA.

Là encore, pourquoi aucun juge d'instruction n'était-il allé rendre une petite visite de courtoisie à Michel Rétif pour lui demander où se trouvait ce charmant petit ranch ? Cela me dépassait. Tant de pistes inexplorées, gâchées. Je connais les problèmes de coopération entre la police française et l'américaine, mais au moins aurait-on pu essayer.

Après plusieurs jours, la seule maison que je trouvai avec un toit arrondi, qui aurait pu surmonter un mur arrondi, était située à plus de dix kilomètres au sud-est d'Alpine. Mais pas de colline derrière, pas de chemin de ciment autour comme sur la photo. Et rien qui permette de voir que la construction était de pierre. J'avais de très, très gros doutes que ce soit celle-ci. Je peux même dire que j'étais persuadé qu'il ne s'agissait pas d'elle. Flûte.

Je continuai de chercher. Je jetai un nouveau coup d'œil à la photo des trois amis et je m'aperçus, en zoomant sur chaque partie, qu'en haut à gauche, au sommet de la petite colline, se trouvait un regroupement de maisons. En revenant à Google Earth, je fus surpris de voir que les maisons étaient amassées dans les vallées et qu'il me serait donc peut-être plus aisé de commencer par là, à savoir chercher plusieurs habitations au sommet d'un relief montagneux. Fort de ce nouvel espoir, ma quête reprit. Ha ha ha. Un rien m'encourageait. C'est en général à cela que l'on reconnaît les désespérés.

— *Where are you, Mindy ?*

Je vis alors une bâtisse sur une colline, je regardai à son pied et, avec surprise, en découvris une autre qui aurait pu correspondre. La présence de la route FM1703 à proximité me permettait de réaliser un Street View. Je me frottai les mains. Cependant, la colline, le relief, la végétation et l'absence de ciment sur le pourtour de la forme arrondie – sur les photos avec Mindy, on voyait bien que le sol autour de la tour et sous la voiture était cimenté – me dissuadèrent de m'attarder en ce lieu. Dommage, il y avait une église à deux cents mètres de là, la Church of Jesus Christ of Latter-day Saints, où Ligonnès aurait pu aller prier chaque matin pour le salut de son âme.

Je repris ma prospection de la colline habitée. Ne jamais faillir. J'en avais fait ma devise.

Je vis encore trois maisons à l'angle arrondi, mais il y avait toujours quelque chose qui n'allait pas. Il manquait la colline, ou les roches, ou les maisons tout en haut, le ciment par terre. Flûte, flûte, triple flûte.

Les astres s'acharnaient à ce que je ne mette jamais la main sur la vérité.

Je me sentais de plus en plus ridicule, comme ces pauvres types que je voyais le dimanche matin, quand j'étais gosse, arpenter la plage de Palavas-les-Flots avec leur détecteur de métal en main, leur poêle à frire comme on disait, à la recherche d'une alliance en or, d'un bracelet de communion perdus la veille. Ils y restaient pendant des heures, en plein cagnard, avant de repartir avec des capsules de Heineken pour seul butin. L'espoir continuait de m'animer… jusqu'à ce que je m'écroule sur le clavier de mon ordinateur, épuisé de fatigue.

Je n'abandonnai pourtant pas.

J'avais vu sur une photo que Mindy tenait un ranch avec des chèvres. Je me focalisai désormais sur ces animaux, tapai « ranch goats alpine texas » et me mis à la recherche de propriétés pourvues d'enclos à chèvres ou à bétail. Les plus importantes apparurent : Wassermann Wranch, Big Bend Ranch Rodeo, Williams Ranch Co et Pinon Ranch. Je consultai des photos de chacune d'elles à la recherche d'une tour en pierre, d'un massif montagneux, de préaux qui auraient pu correspondre.

Toujours rien.

De temps en temps, à mes heures perdues, je me remettais sur Google Earth et je cherchais le ranch de Mindy. J'avais élargi mes recherches à Sunny Glenn, à Wilson Canyon. Qu'était-il raisonnable de considérer comme étant toujours Alpine ? À combien de kilomètres du centre-ville n'étions-nous plus à Alpine ? Dix ? Cinquante ? Dans ces contrées désertes, les distances paraissaient gigantesques. Je ne pouvais me résoudre à ce que ce ranch ait disparu. Même trente ans après. Non, je ne pouvais pas. Je tenais une piste en or avec cette photo. Où était donc ce maudit mur de pierre arrondi ?

Soudain, je fus frappé par un éclair de génie. Je réalisai que si j'arrivais à déterminer la position du soleil par rapport aux lieux, je pourrais en déduire leur localisation sur une carte. Je recopiai donc, sur une feuille de papier, la tour de pierre, les préaux, la direction des montagnes derrière et marquai d'une croix l'endroit où se trouvaient Xavier, Mindy et Michel. Sur mon dessin, je posai un petit bonhomme en plastique qui m'avait été offert par l'écrivain Santiago Lorenzo, puis une lampe torche dirigée de telle manière qu'elle projette l'ombre de la figurine dans la même direction que celle de la photo.

À l'emplacement de la lampe, j'écrivis « est ». De là, je déduisis le reste de la rose des vents : nord, ouest et sud. Cette disposition fonctionnait si la photo avait été prise le matin. Comme elle aurait très bien pu être prise en fin d'après-midi – j'avais la conviction qu'elle avait été prise ou le matin ou le soir car l'ombre était très longue, ce qui supposait que le soleil était bas dans le ciel –, je tournai ma feuille dans l'autre sens et là où j'avais mis « est », je mis « ouest », là où j'avais mis « sud », je mis « nord », etc.

Lorsqu'elle fut achevée, je regardai mon œuvre. Face à Google Maps, il ne restait plus qu'une disposition. La montagne s'étalait dans une direction sud-ouest/nord-est. Je me mis alors à la recherche d'une chaîne de montagnes répondant à cette orientation.

Malheureusement, ma nouvelle entreprise ne connut pas meilleur résultat que les précédentes et je dus abandonner, dépité. Comme ultime recours, je consultai ShadowCalculator, faisant pivoter le soleil au gré de ma souris dans la région d'Alpine en 1990. L'application vaut le détour, mais elle ne me fut finalement d'aucun secours.

Si nous avions été dans un film, arrivé à cet extrême, au moment précis où l'écrivain, désespéré, empoigne le tiroir de son bureau afin d'y prendre son pistolet pour mettre fin à sa vie, mon fils serait entré, se serait approché de moi et, dans sa grande maladresse héréditaire, caractéristique aux Puértolas, il aurait renversé mon verre de menthe sur mon clavier. Pestant, j'aurais déplacé la souris et les papiers autour afin qu'ils ne se mouillent pas et là, en levant les yeux vers l'écran de mon iMac, j'aurais reconnu, sidéré, à l'orée d'un bois, au pied même d'une colline, la tourelle de pierre et le petit chemin en ciment que je cherchais depuis des semaines et qui m'auraient été offerts par ce déplacement inopiné de ma souris sur son tapis.

Mais nous n'étions pas dans un film et il me fallait accepter la dure réalité. Je n'avais pas retrouvé la petite maison dans la prairie, le joli ranch de Mindy.

Alors, comme je le faisais chaque fois que j'échouais dans mon enquête, l'écrivain reprit le dessus. J'ouvris le document dans lequel je consignais la grande fiction de Ligonnès, effaçai tout le passage sur l'Espagne d'un coup de souris et me mis à inventer sa formidable escapade américaine. Ça, je savais faire. Vous pouvez me croire…

Xavier Dupont de Ligonnès
(à partir du jeudi 9 juin 2011)

Xavier a rechargé les batteries. Il a surtout rechargé le portefeuille. Il sort de chez sa mère un sourire sur le visage. Heureux de les avoir revues, elle et Christine. Heureux des neuf mille euros en billets de cinquante qui sont maintenant dans son sac à dos.

Xavier est revenu la voir car il a décidé de quitter la France, de partir aux États-Unis. Il l'embrasse, étreint sa sœur et s'en va.

Quelques minutes plus tard, il monte dans un bus, traverse Versailles et se rend au centre commercial des Ulis où il fait quelques courses, avant d'aller à la gare où il prendra le RER C en direction de Paris. Il change à Massy-Palaiseau, prend le RER B pour l'aéroport Roissy-Charles-de-Gaulle.

La somme que vient de lui donner sa mère lui permettra d'acheter un billet pour un pays d'Amérique ne nécessitant pas de visa, directement aù guichet. Il lui faut cependant un passeport car il s'est débarrassé du sien. La peur au ventre, il passe des heures dans le hall de l'aéroport à la recherche d'un homme de son âge qui lui ressemblerait. Vers 14 heures, il repère une famille dont le père partage certains traits. Les cheveux noirs, les lunettes. Xavier devient prédateur. Il ne lâche plus sa proie, réussit à s'emparer du précieux document dans le Starbucks où ils déjeunent puis se rend directement aux guichets d'Iberia, opte pour un Paris-Mexico, qu'il obtient à un bon prix, 738 euros. Il y aura deux escales, à Madrid puis à Cancún. Trois avions en tout. Iberia, Iberojet et Volaris.

Xavier atterrit le lendemain à midi à l'aéroport international de Ciudad de México. Il s'attendait à se faire arrêter en sortant de l'avion à Madrid, puis à Cancún, et enfin à Mexico, mais, les trois fois, il a pu descendre la passerelle et atteindre le terminal sans être interpellé par des policiers. Il est étonné. Agréablement étonné. Il a pensé, bien trop tard, que le père de famille lésé irait déclarer le vol de son passeport au poste de police de Charles-de-Gaulle, ce qui l'annulerait immédiatement. Un enquêteur zélé aurait aussitôt découvert, en consultant les listings des compagnies installées dans le hall, qu'un vol pour Mexico avait été acheté au nom de la victime. Un coup de fil aux autorités aéroportuaires de Madrid, ou de Cancún, les aurait mises au courant. Le voleur aurait pu être arrêté trois fois. Force est de constater que, pour une raison inexpliquée, il est passé à travers les mailles du filet. Recherché activement par la police, tu parles ! Plus que quelques secondes, se dit-il en se dirigeant d'un pas déterminé vers la station de taxis de l'aéroport de Mexico. Ça y est, pense-t-il, en s'asseyant dans la Volkswagen rose et blanc, ils ne peuvent plus m'attraper.

Xavier se propose de vivre un temps ici en attendant de trouver un moyen sûr pour franchir la frontière avec les États-Unis. Il lui faudra parcourir les six cents kilomètres qui le séparent du Texas. Il n'est pas pressé. Surtout, ne pas commettre d'erreurs. Il réalise qu'il n'a pas le numéro de téléphone de Mindy. Il n'a plus aucune nouvelle d'elle depuis des années. S'est-elle mariée ? Il l'ignore. Mais il en doute. Mindy a toujours préféré sa solitude, sa liberté, aux hommes. Elle aimait plus que tout ses chèvres et ses chevaux. Xavier est le seul avec qui elle aurait pu partager sa vie. Elle le lui avait avoué quand Michel et lui avaient séjourné chez elle. Ils s'étaient embrassés. Mais leur flirt n'était pas allé plus loin. C'est Mindy qui n'avait pas voulu. Pourquoi ? Il ne sait pas. Elle ne se sentait pas prête, avait-elle dit. Il était parti. Xavier sourit, le moment est peut-être enfin venu.

Il passe une semaine à Mexico D.F., essaye d'établir des liens avec des personnes qui pourraient lui faire passer la frontière américaine. Il prétend être un Canadien qui veut rentrer chez lui mais qui n'a pas d'argent. Un de ces hippies qu'on croise au bord des routes. Il lui faudra traverser le Mexique d'abord, les États-Unis ensuite, avant de regagner ses pénates à Québec, dit-il. Toutes et tous, en général des gens croisés dans le bar au pied de l'immeuble où il vit, croient son histoire et veulent l'aider. Certains lui donnent même de l'argent. Les Mexicains

sont des gens souriants, prêts à aider. On lui décon-
seille cependant de faire appel à la police. Les fonctionnaires sont tous corrompus et ils pourraient le
séquestrer, lui extorquer de l'argent. Il explique qu'il
n'en a pas, lui qui se balade avec huit mille euros en
billets de cinquante dans les poches…

En août 2011, il rencontre un homme nommé
José, représentant d'une grande marque de brosses
à dents, qui veut bien l'emmener dans son pick-up
jusqu'à Chihuahua. Jusque-là, pour Xavier, ce nom
n'évoquait que celui d'une race de chien. C'est pourtant une ville importante comptant un million d'habitants. José assure au *gringo* que là-bas, il ne lui
sera pas difficile d'entrer en contact avec les réseaux
d'immigration illégale qui pullulent dans la région. Ils
prennent donc la route le 15 août au petit matin.

Puisqu'il faut en tout seize heures pour relier les
deux villes, ils font une halte à mi-chemin, à Gómez
Palacio, dans l'État de Durango, dans un hôtel que
José connaît bien pour être son escale habituelle lorsqu'il entreprend ce voyage, environ une fois tous les
trois mois. Le logement, situé à quelques minutes de la
route 490, leur permet de ne pas trop perdre de temps.
La route à deux voies traverse d'immenses étendues
désertes. Les deux hommes passent le voyage à discuter de choses et d'autres. Xavier invente sa vie au fur et
à mesure qu'il la raconte. José, lui, parle souvent de sa
femme, Belén, et de leurs trois enfants, David, Emma
et Marco. Quand ils ne discutent pas, ils écoutent
des chansons, les vieilles cassettes de José de musique

traditionnelle mexicaine mariachi, un style qui, après deux ou trois morceaux, devient rapidement une torture pour le Français. Celui-ci laisse ses yeux vagabonder, accroche chaque mot inscrit sur les panneaux, demande de temps en temps comment on dit telle ou telle chose en espagnol. José baragouine un peu l'anglais. Xavier aime surtout les noms des localités qu'ils traversent. Conejos (Lapins), Jaboncillo (Petit Savon), Los Milagros de San Julián (Les Miracles de saint Julien), Rancho El Huevo (Ranch L'Œuf).

Le 16 août, vers 17 heures, ils entrent enfin à Chihuahua par la route 45. Le pick-up passe sous une arche où est écrit : BIENVENIDOS A CD. CHIHUAHUA, WELCOME TO CHIHUAHUA CITY. José laisse son passager en face de l'hôpital militaire et lui offre une brosse à dents.

— Comme ça, tu penseras à moi chaque fois que tu te laveras les dents, *gringo* !

Il lui donne une grande tape dans le dos.

— Bonne chance, Javier.

Une fois seul, le Français se met en quête d'un hôtel. Il passe sa soirée à regarder sur YouTube des vidéos de familles mexicaines traversant le Río Bravo dans des pneus, sur des matelas gonflables et des bouées de plage, mettant leurs enfants dans des piscines gonflables qu'ils balancent ensuite dans le fleuve sous le nez des agents de police mexicains qui leur déconseillent de faire cela, qui les avertissent qu'un bébé est mort ce matin-là et qu'ils sont encore à la recherche d'un autre.

Xavier se demande ce qui pousse ces hommes et ces femmes à traverser la frontière, à risquer leur vie et celle de leur progéniture pour un destin aussi incertain que celui qui les attend sur l'autre rive. Peut-être cherchent-ils la même chose que lui. Une seconde vie. Une seconde chance.

Le lendemain, Xavier passe la matinée dans un bar du quartier, observe la vie, les gens. Des femmes mexicaines, il aime celles qui ressemblent aux Européennes, aux Espagnoles, celles qui ne sont pas trop typées indiennes. La différence est grande. D'un côté, les belles brunes à la peau blanche, sveltes, bien habillées. De l'autre, les autochtones au nez crochu, à la peau mate, courtes sur pattes et épaisses. C'est Salma Hayek contre Frida Kahlo. Il boit une Corona avec un zeste de citron pour contrer la chaleur excessive. Vers midi, deux jeunes en chemise à carreaux et à casquette commandent une bière au comptoir et viennent s'asseoir à la table voisine. Il entame aussitôt la conversation, explique qu'il veut se rendre au Texas afin de pouvoir rentrer chez lui, au Canada. On lui conseille de prendre un bus pour Ojinaga. Il pourra traverser la frontière là-bas. Il ajoute alors qu'il a perdu ses papiers et qu'il ne peut pas passer par un point de contrôle. Le plus jeune lui explique alors que Ojinaga et Presidio, au Texas, sont deux villes frontalières qui ne sont séparées par aucun mur, aucune clôture. Il n'y a qu'à traverser une petite rivière d'une dizaine de mètres de largeur, un champ où broutent des vaches, et l'affaire est dans le sac. Il lui conseille cependant de se raser la barbe. Il est blanc, on le prendra facilement pour un Américain et non un Mexicain. Ce sera son salut. Mais on l'avertit également des risques.

— Comme c'est la première fois que tu fais ça, si la *migra americana* t'attrape, ils te mettront une amende ou ils t'enverront deux ans en prison, même si le plus probable, c'est qu'ils te déportent.

— Vers le Canada ?

— Non, vers d'où tu viens, *gringo*, le Mexique !

Hop, retour à la case départ. Le risque est tout de même faible, pense Xavier, la peine aussi. Le jeu en vaut la chandelle. Et puis, ils ont raison. Il est blanc. Une fois au Texas, il se fondra dans la foule. Il devrait passer inaperçu.

Il monte dans le bus de 15 h 15. Il avait dans l'esprit des images d'un car débordant de gens voyageant avec des poules en cage. L'autocar de la Chihuahuenses est un véhicule aux lignes modernes, disposant de la climatisation. Une fois à la gare routière de Ojinaga, il parcourt les rues à la recherche d'un magasin de vêtements, entre dans le premier qu'il croise et s'achète une chemise, un jean et des chaussures qu'il fourre dans un sac en plastique qu'il referme hermétiquement d'un gros nœud. Puis il prend le cap du Río Bravo. Il pense au vieux western en Technicolor de Howard Hawks, avec John Wayne et Dean Martin. Il se souvient de la musique d'ouverture au banjo et à l'harmonica, revoit Dean Martin entrant en guenilles, assoiffé, dans un saloon. D'un regard, Xavier repère l'endroit le plus étroit de la rivière et s'y dirige. Il vérifie que personne ne l'observe et entre dans l'eau boueuse. Il commence à nager. En quelques minutes, il est de l'autre côté. Aux États-Unis. Trempé. Mais heureux.

Il se déshabille, enfile les vêtements secs qui se trouvent dans le sac plastique, laisse les autres sur une pierre et marche vers la ville. Il passe la nuit à Presidio, dans un motel qui ressemble à celui de Norman Bates dans *Psychose*. Il est fébrile. Il sait qu'il a presque atteint son but. Alpine n'est qu'à deux cents kilomètres de là. Mindy n'est qu'à deux cents kilomètres de lui. Et elle ne le sait même pas.

Le lendemain, il saute dans un bus de la firme Greyhound avec un billet à vingt-trois dollars. Il arrive enfin à Alpine. La station de bus se trouve au croisement de Holland Avenue et de Church Road, et pour célébrer la fin du voyage, il va se recueillir quelques minutes à l'église Hillside Baptist située juste derrière.

— Merci, mon Dieu, de m'avoir permis d'arriver jusqu'ici. Sain et sauf. S'il Te plaît, fais que Mindy habite toujours ici et qu'elle soit seule…

Il prend un taxi, informe le chauffeur qu'il ne connaît plus l'adresse de son amie mais qu'il peut le guider. Un quart d'heure plus tard, ils se garent devant la demeure en pierre de Mindy. Il a du mal à respirer tant il est bouleversé. Il paye l'homme et sort. Il n'a aucune valise, rien. Il n'a que de l'espoir et les yeux qui brillent.

Il fait le tour de la propriété, aperçoit la femme blonde en train de donner le biberon à un bébé chèvre. Il se demande comment lui faire la surprise. Mais il n'ose rien. Il est bien trop fatigué, bien trop nerveux, bien trop impatient.

— Mindy, dit-il seulement.

Elle sursaute et se retourne, les sourcils froncés. Son visage s'illumine alors comme le soleil après la pluie.

— Xavier ?

Elle écarquille les yeux, sourit. Elle pose à côté d'elle la chèvre, qui bêle de voir son repas ainsi interrompu, et se précipite sur son ami français qui l'étreint avec passion.

— *What are you doing here ?*

— *I wanted to see you again…*

Elle ne peut en croire ses oreilles.

— *… just the two of us.*

On croirait une chanson. C'en est une, d'ailleurs, de Grover Washington Jr. Une chanson d'amour. Une chanson si longtemps espérée. Attendue. Elle pose sa tête sur son épaule, ferme les yeux. Elle avait fini par penser que ce jour n'arriverait jamais. Que Xavier ne reviendrait pas.

Le soir même, ils font l'amour pour la première fois. Bien évidemment, Xavier lui ment. Il lui avoue avoir eu une femme et des enfants après son départ des États-Unis. Mais aujourd'hui, il a divorcé d'Agnès. Et puis les enfants, ils sont fâchés contre lui. Ils se sont ralliés à la cause de leur mère et ne veulent plus le voir.

— Ça s'arrangera, dit Mindy, réconfortante et maternelle.

— Ça s'arrangera, répète Xavier, qui connaît la terrible réalité.

Les jours passent. La vie dans le ranch convient au Français. Personne ne viendra le chercher ici. Il se sent si loin de tout. C'est comme s'il se trouvait sur une autre planète. Mindy est toujours aussi belle. Elle a un petit air de Marilyn Monroe et il a l'impression d'avoir de la chance. Finalement, il se fera facilement à cette nouvelle vie. S'occuper des chèvres, des chevaux, bricoler un peu, le soir, se retrouver avec elle et regarder des films à la télé, enlacés sur le divan. On a vu pire ! Il hume le parfum de ses cheveux, la serre fort contre lui, se dit qu'il oubliera bien vite son existence d'avant, qu'il oubliera bien vite la France.

Les mois passent et se ressemblent.

Les années passent.

Quatre.

Nous sommes en 2015. Xavier supporte de moins en moins de rester enfermé au ranch. Il ne sort que pour faire quelques courses, ne se laisse pas beaucoup voir. Mindy est une fille solitaire, c'est une chance. Il n'a pas à se cacher de ses amis, elle n'en a presque pas. Mais en même temps, la situation pèse de plus en plus à Xavier, qui a toujours été d'un caractère sociable. Il s'ennuie à la ferme et commence à réfléchir à des projets. Des projets qui lui feraient gagner de l'argent, pour que Mindy ne pense pas que c'est un parasite, même si elle est aux anges d'avoir cet homme pour elle toute seule, de lui apporter argent, nourriture et amour. Des projets qui le feraient voyager un peu, prendre la voiture et aller voir ce qui se passe dans d'autres villes. Sa barbe et le chapeau texan que lui a offert Mindy pour leurs retrouvailles et qui ne quitte son crâne qu'au coucher lui permettent de demeurer anonyme parmi la foule. Il fuit les caméras, les téléphones, les appareils photo, il fuit les touristes. Cela fait tellement longtemps qu'il n'est plus tombé sur un article sur lui, dans la presse, depuis qu'il a quitté la France. Il a oublié Xavier Dupont de Ligonnès depuis longtemps. Même si Mindy continue de l'appeler Xav, qui dans sa bouche, avec son accent américain, ressemble à un truc comme « Tchas », totalement inidentifiable pour les autres.

Des projets, donc. Il a commencé à « informatiser » la grange de sa petite amie. Dans un tableau Excel, il a répertorié tous les animaux, noté les dépenses, les recettes afin d'essayer de rentabiliser au maximum l'exploitation. Mindy s'en amuse. Le ranch est sa passion, il lui rapporte le nécessaire pour vivre. Elle n'en attend pas plus. Mais Xavier est ambitieux, il lui explique comment optimiser son affaire. Elle hausse les épaules, lui sourit et l'embrasse. Rapidement, il laisse tomber et passe à autre chose.

Il croit alors avoir une grande idée : créer une méthode pour jouer du saxophone sans avoir aucune notion de solfège, une méthode révolutionnaire qui permettrait à tout le monde de pouvoir jouer de cet instrument complexe en quelques minutes à peine. Le rêve de tous à l'heure des tutoriels, des portables, des séries télé. Les gens n'ont plus la patience d'apprendre. Ils veulent tout, tout de suite. Et Xavier pourrait bien le leur offrir. C'est en voyant un concert de jazz des années 1960 en noir et blanc à la télé que le goût du saxophone lui est venu. Le lendemain, il est allé s'en acheter un d'occasion pour 234 dollars dans un Cash Converters d'Alpine. Pas une Rolls-Royce, mais assez pour pouvoir commencer. En voyant les partitions offertes dans le coffret de velours noir, il a pris peur et s'est découragé. Il a cherché une vidéo sur Internet pour apprendre à jouer, pour au moins aligner deux notes, mais tout était si compliqué. C'est là qu'il a pensé à sa méthode. Une espèce d'application qui montrerait comment placer quels doigts sur quels trous. En une minute, n'importe quel néophyte pourrait jouer une mélodie. Il a passé des journées à travailler dessus et a pu élaborer plus de cent morceaux, tous des classiques. Il l'a baptistée Méthode Bonnin, en hommage à un copain de lycée, qui jouait du saxo.

— Imagine, Mindy, apprendre *Careless Whisper* de George Michael en dix minutes.

Elle n'y croyait pas, il lui a prouvé que c'était possible. La célèbre mélodie est sortie du pavillon du saxophone sans trop de fausses notes. Très encourageant.

— Oui, ça pourrait marcher. Tu as du talent pour avoir de bonnes idées, tu sais, lui dit-elle dans un sourire.

Tout le contraire d'Agnès, cette Américaine. Il n'en faut pas plus pour donner des ailes à son Français. Il lui faudrait maintenant commercialiser son invention, la diffuser, et il n'a pas d'autre choix que de s'associer à une grosse firme. Il y en a une à San Francisco et il a réussi à décrocher un rendez-vous.

Il prendra le pick-up de Mindy pour s'y rendre. Elle est stupéfaite. Aller d'Alpine à San Francisco en voiture ? Il y a presque mille cinq cents miles. Elle est prête à lui payer le billet d'avion, elle a quelques économies de côté, mais il refuse. Il lui dit que c'est par amour-propre, qu'il veut lui démontrer qu'il se débrouille très bien tout seul. Il lui ment encore. S'il ne peut pas voyager en avion, c'est parce qu'il n'a pas de passeport, bien sûr. Celui qu'il a volé a expiré et il ne peut pas le renouveler. Il est un clandestin dans ce pays. Et il n'a surtout pas envie de se faire prendre.

— Non, la voiture, c'est très bien. Comme ça, je visite un peu le pays.

Mindy accepte finalement, même si elle est triste qu'il l'abandonne pour plusieurs jours. Elle s'est habituée à leur petite vie. Elle aime sa présence, ses silences, leurs jeux, leurs rires, elle aime sa compagnie, son amour, ses caresses, ses regards, ses mots doux quand il parle en français rien que pour elle.

— Maintenant que je suis là, Mindy, je ne te quitterai jamais, lui promet-il.

Il l'embrasse, la serre fort dans ses bras et s'en va.

Le périple dure deux jours. La veille de son rendez-vous, il dort dans un hôtel de San Francisco près de Belden Place. Il ignore qu'il s'agit du quartier français de la ville. Vers 10 heures, il déambule sur

Pine Street. Il a le temps, son rendez-vous n'est qu'à 11 h 30. Il entre dans une boulangerie française pour s'acheter un croissant. Sans se méfier. Cela fait tellement longtemps qu'il n'en a pas mangé. Il n'a pas son chapeau texan, il est rasé de près, mais il est persuadé qu'il ne court aucun risque. Soudain, alors qu'il ressort, il bouscule une femme qui se retourne sur lui. Elle ouvre de grands yeux.

— Xavier ? lâche-t-elle.

Il est soufflé. Le visage de la femme surgit du passé à une vitesse vertigineuse. Il reconnaît aussitôt Catherine, la femme d'un notaire de Nantes qu'il a connu autrefois, quand ils étaient voisins à Pornic. Il n'en revient pas. Qu'est-ce qu'elle fout là ? Durant une seconde, il reste bouche bée, incapable de bouger, d'articuler un seul mot. Il y a comme un court-circuit dans son esprit. Il a failli dire : « Catherine » mais se reprend au dernier moment. S'il ne dit rien, joue les étonnés, le doute subsistera toujours en elle. Il reprend le contrôle de la situation et de ses jambes et sort de la boulangerie, paniqué.

Sans se retourner, il marche à grands pas sur Pine Street dans la direction d'où il vient, il arrive à peine à respirer. Ses tempes bourdonnent, il ne sait même plus ce qu'il fait. Il est affolé, désorienté. Un poulet à qui on aurait coupé la tête. Merde, ne cesse-t-il de se répéter. Merde, merde, merde. Retrouver le pick-up, vite, et repartir illico à Alpine. Il en a complètement oublié son rendez-vous et ses grands projets musicaux.

Romain Puértolas
(L'enquête)

À chaque rebondissement qu'avait connu l'affaire – comme si tous les trois ans, quelqu'un voulait rappeler au monde que l'on cherchait toujours Xavier Dupont de Ligonnès, qu'on ne l'avait toujours pas retrouvé –, je reprenais l'enquête avec ferveur et redéballais tous les éléments dont je disposais – c'est-à-dire pratiquement rien.

Quelque chose me chiffonnait dans cette histoire de fuite aux États-Unis. Cela m'avait d'abord assailli tel un pressentiment. Un goût amer sur la langue. Le sentiment désagréable que quelque chose clochait. Une nuit, je m'étais réveillé en sursaut en hurlant : « Michel ! », couvert de sueur. Si Patricia avait encore été avec moi, elle se serait penchée sur moi, m'aurait demandé si ça allait et qui était cette Michelle. Michel, aurais-je corrigé. Pas mon grand-père, Michel Puértolas, mais Michel Rétif. Or, j'étais seul dans ma maison de La Bastide-de-Bousignac. Je me levai, allai consulter mes notes à mon bureau. Pantelant, je tournai les pages de mon carnet

Moleskine d'un doigt tremblant à la lumière de mon téléphone portable. Ce ne pouvait pas être Dieu possible !

Rappelez-vous, le 12 avril 2011, Michel Rétif avait reçu une enveloppe de Ligonnès contenant les photos des deux amis pendant leurs voyages aux États-Unis, et ce mystérieux message : « Je penserai bien à toi là-bas, pas le droit de te dire où, mais tu y es passé avec moi en novembre 1990. Indice à creuser… LOL. »

La lettre avait été postée le 9 avril par Ligonnès, soit la veille de son départ de Nantes. Pourquoi poster une lettre à quelqu'un que l'on va voir quatre jours après ? me demandai-je alors. Puisque les deux amis semblaient s'être vus du 13 au 15 avril à Roquebrune-sur-Argens. C'était ma théorie du moins. Et surtout, pour lui dire qu'on va aux États-Unis alors qu'on va le voir avant, qu'on peut lui raconter tout cela de vive voix ?

Cela me tracassait.

Cette lettre prouvait-elle que Ligonnès n'avait pas vu son ami dans le Var ? Que Michel n'avait jamais été mis dans la confidence ? Avais-je fait fausse route ? Mon intuition m'avait-elle trahi ? Penser cela revenait à annihiler mes seules convictions dans toute cette affaire, chose que je ne pouvais me résoudre à faire. Pourquoi Ligonnès avait-il envoyé cette lettre énigmatique à son ami en lui faisant croire qu'il partait aux USA alors qu'ils allaient se voir quatre jours après ? Pourquoi ?

Pourquoi ?

Pourquoiiiii ?

J'allai faire un tour sur la terrasse. Je scrutai la forêt noire, invisible, qui se fondait avec la nuit. Quelques grillons frottaient leurs ailes, produisant un son de clôture électrifiée. J'aimais l'atmosphère nocturne. L'absence de bruit d'origine humaine. Les chiens qui n'aboient pas (je ne dis pas ça pour Jules et Léon…). Le silence. Je m'imaginais seul au monde, comme dans l'un de mes romans préférés, *Malevil*, de Robert Merle. J'aurais dû naître dans un monde postapocalyptique…

Pourquoi ? me répétai-je en levant les yeux vers les étoiles. Une lumière rouge et verte m'indiqua qu'un avion était en ce moment même en train de me survoler à dix kilomètres d'altitude.

C'est un piège, pensai-je alors.

C'était la garantie que Ligonnès avait offerte à son ami afin qu'il n'ait jamais de problème avec la police si un jour on retrouvait les corps de sa famille. Par le truchement de cette lettre, Ligonnès assurait l'innocence de Michel Rétif. Celui-ci pourrait toujours dire : « Vous voyez, nous ne nous sommes pas vus dans le Var, puisqu'il m'a écrit pour me dire qu'il partait. » De plus, c'était Michel Rétif qui avait apporté, de son propre chef, cette lettre à la police en 2011. Un peu suspect, pas vrai ?

Cela me semblait évident maintenant. « Je penserai bien à toi là-bas, pas le droit de te dire où, mais tu y es passé avec moi en novembre 1990. »

La formule était si absurde, si cousue de fil blanc. En somme, dans la même phrase, Ligonnès disait qu'il n'avait pas le droit de dire à son ami où il se cachait, mais il lui donnait aussitôt la réponse. Aussi stupide et infantile que de dire : « Je n'ai pas le droit de te dire où je suis caché, mais c'est un pays dont le nom composé commence par E, où l'on mange des donuts et dont le président est noir… » Oui, tout cela puait le coup monté à plein nez. La fausse piste. Un foutage de gueule entre potes.

La lettre faisait d'une pierre deux coups. D'abord, les enquêteurs innocenteraient Rétif. Ensuite, ils lui demanderaient : « Et où étiez-vous donc en novembre 1990 ? » Michel feindrait réfléchir un instant. « Aux États-Unis, oui, c'est ça, quelque part au Texas. À Alpine… » Et voilà. Les flics se précipiteraient là-bas avec un mandat international en poche alors que Ligonnès serait à l'opposé, aux antipodes, riant à gorge déployée. Ha ha ha !

Aux antipodes.

En Asie, par exemple…

Je retournai à mon ordinateur et effaçai, d'un nouveau coup de souris, le récit américain (cela commençait à devenir une habitude). J'avais l'impression d'être Benjamin Gates, le célèbre chercheur de trésors dans le film du même nom, ballotté de piste en piste, voyant des signes en toutes choses. Le dialogue entre Patrick Gates et son fils m'était revenu à l'esprit : « Et le trésor ? — Non, mais on a trouvé un autre indice. — Oui, et ça va vous conduire à un autre indice. Et tout ce que tu trouveras, ce sont d'autres indices, tu ne comprends donc pas ? J'ai fini par comprendre, moi. » Moi aussi, je rebondissais de témoignage en témoignage, alors même qu'aucun n'était avéré, et fonçais tête baissée devant les indices. L'Espagne, puis les États-Unis. À la fin, Benjamin Gates, n'en déplaise à son père, retrouvait le trésor des Templiers. Retrouverais-je de la même manière Dupont de Ligonnès ?

Arthur Conan Doyle ne disait-il pas, par la bouche de Sherlock Holmes : « Lorsque vous avez éliminé l'impossible, ce qui reste, si improbable soit-il, est nécessairement la vérité » ? Mais oui, bien sûr ! Sauf que l'Asie n'était pas improbable du tout, bien au contraire. Tout correspondait. Les pièces du puzzle s'assemblaient parfaitement. Il y avait ces trois mandats Western Union virés à un certain Joven Soliman, installé aux Philippines, retrouvés par la police durant la perquisition du domicile de Geneviève Dupont de Ligonnès.

Mais il n'y avait pas que ça ! Ô joie !

Interviewé par des programmes de télévision, Bruno de Stabenrath, devenu expert ès hypothèses concernant Ligonnès, penchait pour une escapade en Thaïlande, particulièrement parce que ce pays n'avait aucun accord d'extradition avec la France – ce propos est à nuancer : la France a conclu en 1984 un accord de transfèrement qui permet à un ressortissant français condamné en Thaïlande de finir sa peine en France. Hypothèse appuyée par cet autre fait : en 2018, une internaute affirmait, sur les réseaux sociaux, être tombée sur Xavier Dupont de Ligonnès dans un restaurant sur la plage de Jomtien Beach, à Pattaya, alors qu'elle y passait ses vacances. Interpellée par l'arrivée de cet homme sur « un scooter type Honda Moove noir » parce qu'il portait un casque alors que personne n'en porte dans ce pays et ayant vu avant de partir la rediffusion d'un documentaire sur l'affaire Ligonnès (délice des coïncidences, la vie est merveilleuse !), elle avait aussitôt reconnu le fugitif. « C'était lui, les cheveux un peu plus longs, mi-longs, plus musclé car je pense qu'il fait de la muscu, comme il y a des clubs de sport dans tous les quartiers et résidences de Thaïlande. » Ligonnès idéalisé en coach sportif baraqué, style surfeur, il y avait de quoi fantasmer.

Je regardai la fenêtre de mon document Word avec délectation, me frottai les mains en proie à la plus grande excitation. La nuit était déjà bien avancée et la maison envahie par le calme. Ça y est, Ligonnès, là, je te tiens, promis, juré, craché, si je mens, je vais en enfer. Ça tombait bien, je n'y croyais pas.

Xavier Dupont de Ligonnès
(à partir du jeudi 9 juin 2011)

Xavier a rechargé les batteries. Il a surtout rechargé le portefeuille. Il sort de chez sa mère un sourire sur le visage. Heureux de les avoir revues, elle et Christine. Heureux des neuf mille euros en billets de cinquante qui sont maintenant dans son sac à dos. Heureux d'avoir maintenant un plan de fuite.

— Tu ne peux plus rester en France, Xavier, lui a dit sa mère. Je t'ai arrangé quelque chose. Depuis quelques années, j'aide financièrement un prêtre sédévacantiste des Philippines.

— Sédé-quoi ?

— Sédévacantiste. Ils pensent comme nous, Xavier, comme notre Église de Philadelphie. Le siège du Vatican est vacant depuis la mort de Pie XII. Les papes suivants ne sont que des usurpateurs.

— Je vois.

— Je lui ai envoyé deux Western Union l'année dernière pour le soutenir dans sa tâche. Il veut construire une église à Manille. Il s'appelle Joven Soliman. Il a fait son séminaire en Australie, ses études de théologie en Suisse. C'est là que je l'ai rencontré. C'est le premier prêtre philippin ordonné dans la Fraternité sacerdotale Saint-Pie X.

— Maman, le fondateur de la FSSPX a été excommunié pour avoir consacré des prêtres et des évêques sans le consentement du pape !

— Quel pape, Xavier ? Ce Ratzinger n'est sûrement pas notre pape ! On dirait plus un nazi qu'un pape !

— Bon, nous n'allons pas commencer à nous disputer. Qu'est-ce que tu veux me dire ?

— Que tu vas aller aux Philippines. L'abbé Soliman t'attend. Il te cachera là-bas.

— Quoi ? Aux Philippines ? Et il est au courant des raisons de ma fuite ?

— Bien sûr que non. Je lui ai juste dit que j'aimerais qu'il s'occupe de ta formation.

— Et comment tu veux que j'aille là-bas ? Ma photo doit être dans tous les aéroports.

— Tu n'iras pas en avion, dit Christine. C'est justement là que Bertram entre en scène.

Xavier hausse les sourcils, surpris. Le mari de sa sœur est officier de la marine marchande et il a l'habitude d'effectuer des missions en Asie, mais Xavier ne va tout de même pas voyager sur l'un de ses bateaux !

— Il t'a arrangé un cargo pour Port Kelang, en Malaisie. Après, tu devras te débrouiller tout seul pour atteindre Manille. C'est à deux mille kilomètres, mais une fois que tu es là-bas, à l'autre bout du monde, tout est à côté.

Xavier est estomaqué. Il essaye de se faire à l'idée d'un tel périple.

— Tu pars du Havre demain matin, lui annonce Christine. La traversée dure quarante-quatre jours…

— Une fois que tu seras avec l'abbé Soliman, continue Geneviève, je lui enverrai un Western Union pour que tu ne manques de rien, ce sera plus facile pour te faire passer de l'argent.

Xavier comprend que sa mère et sa sœur ont tout prévu. Sauf une chose, peut-être, le passeport. Il n'a plus de papiers d'identité depuis qu'il s'en est débarrassé.

— Je n'ai pas de papiers, avoue-t-il.

— Tu n'en as pas besoin pour le voyage. Bertram connaît tout le monde. Ensuite, tu trouveras une solution là-bas. Je ne pense pas qu'il cherche des poux à un Blanc venu dépenser de l'argent chez eux.

Xavier n'en revient pas.

Une demi-heure plus tard, alors qu'il ressort du domicile familial et monte dans le bus pour se rendre au centre commercial des Ulis pour faire quelques achats, il réalise qu'il va prendre un bateau pour aller en Asie.

En attendant, il prend un train pour Le Havre. Quatre heures après, il arrive à destination et se dirige à pied vers l'hôtel dans lequel il passera la nuit. Enfin, une partie de la nuit, car le cargo part à 3 heures du matin.

La route est la suivante : le bateau longera les côtes atlantiques française et espagnole, pénétrera dans la mer Méditerranée par le détroit de Gibraltar, empruntera le canal de Suez et traversera enfin l'océan Indien jusqu'au port malaisien. Dans moins de deux mois, si tout va bien, il sera à Manille.

Il se sent comme Phileas Fogg dans *Le Tour du monde en quatre-vingts jours*, poursuivi par l'inspecteur Fix, lequel est persuadé que l'excentrique milliardaire vient de dévaliser la Banque d'Angleterre. Au détail près que Xavier est bien coupable des faits qu'on lui reproche, et qu'il n'a aucune intention d'honorer le moindre pari de faire le tour du monde. Il se cachera en Asie en attendant que la situation se calme, si tant est qu'elle se calme un jour. « T'es en sursis », lui a dit Michel. Il avait raison. La police a découvert les cadavres de sa famille et, depuis, il est voué à fuir. Une fuite qui ne finira jamais. Si ce n'est en prison.

Xavier arrive comme prévu aux Philippines.

L'abbé Soliman est heureux d'accueillir cette nouvelle recrue. Il est surtout heureux de connaître le fils de Geneviève, cette bienfaitrice française qui s'est ralliée à sa cause et l'aide financièrement pour la construction de sa nouvelle église. En attendant la fin des travaux, il officie à l'église Our Lady of Victories.

Xavier aime ce quartier délabré de la rue Cannon où la nature, d'un vert éclatant, envahit le béton. La bâtisse blanche s'érige entre les bananiers, les yuccas et les fils du réseau électrique aérien, omniprésents.

À Manille, au-dessus des humains, il y a des câbles, puis le ciel, puis Dieu.

Soliman habite à quelques rues de là. Il loge Xavier, le nourrit. Physiquement et spirituellement. Le Français aime de plus en plus cette idée de construire une église. Un terrain a été acheté dans un quartier du nord de Manille, Caloocan, en partie grâce aux fonds de Geneviève, qui a envoyé un virement généreux le 6 juillet précédent.

Xavier a mis dans un tableau Excel les dépenses liées à la construction de l'église, ainsi que les délais, le contact des différents interlocuteurs. Ici, loin de la France, il ne pense plus à se cacher. Il s'est relâché. Il sait que personne ne le connaît, ni ne le recherche. Pourtant, il n'y a pas énormément de Blancs et il devrait donc, au contraire, être un peu plus sur ses gardes qu'en Europe. Les Blancs se font vite repérer. Mais la nouvelle n'a pas dû arriver jusque-là, se dit-il.

De toute manière il ne vit pas dans le quartier touristique de Manille. Grâce à l'abbé Joven Soliman, il est intégré dans la population autochtone. Il ne rencontre que des Philippins à longueur de journée. Un jour, il a croisé un Américain en vacances à Manille qui cherchait une église traditionaliste pour s'y recueillir. C'est extrêmement rare que cela arrive. Les étrangers ne vont généralement pas dans Cannon Street, bien trop éloignée de la côte.

Lorsqu'il y a une messe, Xavier se met au dernier rang de l'église, observe le rituel. Il aime être spectateur. Il aime cette invisibilité, ce silence, ce calme, l'odeur de l'encens, l'esprit de la méditation. On ne lui demande rien, on ne le regarde pas. Tous les fidèles le connaissent, ont appris à vivre avec lui, ils ne savent pas son nom, ne veulent même pas le savoir, il est l'Européen en habit traditionnel qui est assis au fond de l'église et qui prie ou écoute. Est-il devenu une sorte d'ascète ? Il fait partie des meubles, s'est comme transformé en banc. Le banc sur lequel il est assis chaque jour quand il ne travaille pas à la gestion de la nouvelle église. Ces moments sont une pause, une respiration dans la mélodie de cette nouvelle vie, au milieu de l'agitation tumultueuse du centre de Manille, qui pue le pot d'échappement et l'huile de vidange. L'église est une île. Lointaine. Une île paradisiaque. Et il remercie chaque jour, en pensée, sa mère et sa sœur qui lui ont concocté ce voyage. C'était une très bonne idée, finalement.

L'abbé Joven Soliman et Xavier inaugurent l'église Saint Miracles of Philippines en 2017. La joie inonde Magnolia Street le temps d'une soirée. Les lampions en papier coloré, les odeurs des brochettes de poulet, les chants religieux. Si seulement sa mère était là, se dit Xavier. Et penser qu'une église s'est construite grâce à elle ! Pas celle de Philadelphie, mais c'est tout comme. À la fin de la soirée, Soliman vient voir son ami.

— Je vais faire de toi un prêtre, Xavier, et tu vas diriger ta propre église.

Il explique alors son ambition de créer des lieux de culte un peu partout en Asie, là où la foi le requiert.

Saint Miracles of Philippines a été un succès. Il y en aura d'autres. Il lui propose d'en monter une en Thaïlande, à Pattaya. Ça lui fera voir du pays. Xavier accepte. Il a un peu fait le tour de Manille et a envie de voyager, lui qui n'a jamais bien tenu en place. En janvier 2018, il part s'installer à Pattaya. Mais sa foi semble être demeurée derrière lui, à Manille.

En arrivant à Jomtien Beach, il est aussitôt tenté par le diable du tourisme, de la luxure, des femmes. Les corps nus qui se déhanchent au rythme des tubes américains. La plage, le soleil. C'est une nouvelle religion. Il troque sa toge blanche contre un maillot de bain rose fluo et oublie complètement le projet d'église de l'abbé Joven Soliman. C'est bien simple, il ne répond même plus à ses appels. Il s'inscrit à un cours de plongée, fréquente des jeunes femmes. Il est bien conscient qu'il ne prend plus aucune précaution et qu'il risque d'être démasqué un soir par des Français en vacances. Mais il veut s'amuser. Il veut rattraper tout le temps perdu à Manille. Après l'esprit, le corps. Il enchaîne les conquêtes, trouve un job dans une salle de musculation sur la plage. Il s'achète un scooter. Ici, tout le monde en a un. Il trouve quand même prudent de mettre un casque, alors qu'ici personne n'en porte. Au moins, cela réduira les risques de se faire trop voir. Un soir, il arrive à Jomtien Beach sur sa petite moto, en maillot et en tongs. Il a rendez-vous avec un ami pour parler business. Xavier veut monter son affaire. Ce ne sera pas une église mais un fitness center. La demande est forte ici où prime le culte du corps.

Il arrive au restaurant, descend du scooter et ôte son casque.

Il n'a pas remarqué cette touriste française, assise dans un coin, qui le dévisage. Avant de partir en vacances, elle a regardé la rediffusion d'un documentaire sur l'affaire Ligonnès. Elle n'en revient pas, le reconnaît aussitôt. « C'était lui, les cheveux un peu plus longs, mi-longs, plus musclé car je pense qu'il fait de la muscu, comme il y a des clubs de sport dans tous les quartiers et résidences de Thaïlande », écrira-t-elle ensuite sur son compte Facebook, persuadée d'avoir enfin trouvé celui que la France entière recherche. Mais encore une fois, la police, qui recherche passivement Ligonnès, stagnera dans l'immobilité la plus totale.

Romain Puértolas
(La Bastide-de-Bousignac)

Bien évidemment, et je le dis sans amertume, je m'étais trompé sur toute la ligne, de bout en bout, puisque Xavier Dupont de Ligonnès était là, devant moi.

Il n'avait fui ni en Espagne, ni aux États-Unis, ni en Thaïlande, ni je ne sais où encore. Bon Dieu, sacré Sherlock Holmes – « Lorsque vous avez éliminé l'impossible... » ! Xavier Dupont de Ligonnès était demeuré en France, avait voyagé à droite à gauche dans notre pays pendant plus de dix ans et était enfin arrivé jusqu'à La Bastide-de-Bousignac, sans doute avec le même objectif que moi. Fuir les hommes.

C'est souvent quand on ne cherche pas que l'on trouve. Il en est ainsi des personnes comme des clés de voiture.

Nous nous étions installés sur ma terrasse, avec vue sur les bois. À vrai dire, je ne me sentais pas si rassuré que ça. Nous étions isolés, à plusieurs kilomètres de toute habitation. Il aurait pu me droguer, avant de me tuer de deux balles dans la tempe et de refaire la terrasse de mon jardin gratuitement. Me droguer... Me droguer... Et alors qu'il parlait, qu'il ne cessait de parler, de son enfance à Barcelone, dans le quartier du Raval, je regardais, en état de choc, la bouteille de vin qu'il avait si gentiment apportée. Les mots du procureur de la République de Nantes résonnèrent dans mon esprit. « Les expertises toxicologiques des victimes ont confirmé dans le sang de quatre d'entre elles [les enfants] la présence de médicament hypnotique, ingestion qui d'évidence a pu faciliter leur exécution méthodique. » Mon sang ne fit qu'un tour dans mes veines.

— Je *té* ressers ? me demanda-t-il.

— Euh, non. À vrai dire, je ne me sens pas très bien.

Ce devait être exactement la même phrase que lui avait dite son fils Thomas lors de leur repas au Cavier, un ancien moulin reconverti en restaurant gastronomique à Avrillé, table numéro 5. « Je ne me sens pas très bien, papa. » Les serveurs et le maître d'hôtel avaient été témoins du tête-à-tête entre le père et le fils, bien silencieux, et du malaise soudain du garçon. Ligonnès avait tué tout le reste de la famille la nuit précédente. Il était en train de préparer l'assassinat de son dernier enfant. Finalement, plan avorté, il avait déposé Thomas à Angers, chez un copain, et remis son dessein machiavélique au lendemain, jour où il l'avait tué de deux balles de fusil à bout portant une fois rentrés à la maison.

— Tu n'es pas habitué à l'alcool ! s'exclama Miguel/Ligonnès. Moi, *y*'en ai trop bu dernièrement pour *qué* ça me fasse *dé* l'effet. Des problèmes familiaux…

Il me regardait derrière le verre de ses lunettes.

— *Y*'ai pas eu *oune* vie facile, tu sais, Romain…

Je l'entendais de plus en plus loin.

— Et toi ? *Yé* vois que tu vis seul. Où sont ta femme et tes enfants ?

Avec un écrivain meilleur que moi, allais-je dire, mais je fus bien incapable de répondre. Ma langue était devenue une grosse éponge sèche qui m'empêchait d'articuler quoi que ce soit.

— Moi, ma femme et mes enfants sont partis pour un *grande* voyage…, continua-t-il. Tu veux *qué jé* t'aide à t'allonger ?

Il se leva et me prit par les épaules, puis il m'accompagna jusqu'au divan.

— Dis donc, tu as *oune* sacrée bibliothèque.

Je le vis me tourner le dos, poser son index sur la tranche de deux, trois livres.

— Tiens, c'est marrant, ça. *Comment j'ai retrouvé Xavier Dupont de Ligonnès… dé* Romain Puértolas.

Il ouvrit le roman.

— Mais, c'est toi, ma parole ! La photo, c'est toi, Romain ! Dis donc, on dirait *qué* tu es un écrivain célèbre. Alors comme ça, tu as retrouvé Xavier Dupont *dé* Ligonnès ? Où donc ?

Il aurait pu me dire : « Qui c'est ? » Comme je l'ai déjà noté, les Espagnols ne connaissaient pas l'affaire.

Du moins pas le grand public. Mais au lieu de cela, il me demanda :

— Tu veux connaître ma théorie ? Moi, *jé* crois qu'il est bien vivant. Et qu'il est *plous* près *qué* ce qu'on croit.

Il se retourna.

— Oui, *plous* près *qué* ce qu'on croit, Romain, répéta-t-il.

Si nous avions été dans un film, il y aurait eu, à ce moment-là, des staccatos de violons et un fondu au noir.

Affaire Romain Puértolas
(Cour d'assises de Toulouse)

— Très intéressant, monsieur Puértolas, s'écrie l'avocat général. Vous dominez, il est vrai, la narration dramatique. Ainsi que la bande-son originale. Des staccatos de violons ! Brillant. On s'y croirait. Mais assez de vos effets pompeux, allez droit au but. Tout le monde ici veut connaître la vérité. Nous n'avons pas toute la semaine ! Or, vous dilatez les événements. Vous voulez gagner du temps ! Quand arrivera-t-on donc au repas fatidique ?

Le magistrat demeure immobile, les yeux rivés sur moi comme un animal de proie.

— J'y viens, dis-je.

— Très bien, et votre soudain mal de tête ? Votre évanouissement ? Le noir complet, avez-vous dit ? Madame la greffière ?

— « Un fondu au noir ».

— Ah oui, c'est ça, un fondu au noir.

— Quand je me suis réveillé, quelques heures plus tard, j'ai d'abord constaté que... eh bien, que j'étais vivant. Je me trouvais toujours sur le divan du salon, allongé.

— Étiez-vous ligoté ?

— Non.

— Bâillonné ?

— Non.

— Votre voisin se baladait-il en peignoir avec un fusil .22 long rifle à silencieux dans votre cuisine, monsieur Puértolas ?

— Non, rien de tout cela. Il avait débarrassé la table, lavé les verres et puis, il avait dû rentrer chez lui car il n'était plus là.

— Ce bon monsieur ne vous a donc pas emmuré sous la terrasse de votre jardin ?

— Apparemment, non.

— Avait-il mis un quelconque somnifère dans le vin ?

— Je n'en sais rien. Mais le fait qu'il ait lavé les verres est une preuve, vous ne pensez pas ?

— Une preuve ? De quoi ?

— Eh bien, qu'il a voulu effacer : et d'une, les traces du somnifère, et de deux, ses empreintes digitales.

— Soit, monsieur Puértolas, soit. Votre imagination d'écrivain ou de policier vous pousse peut-être à des conclusions hâtives. Mais dites-nous donc, plutôt, pourquoi il vous aurait drogué puisque ce n'était pas pour vous tuer.

— Je ne sais pas, peut-être avait-il quelque chose à faire, fouiller chez moi, que sais-je ? Peut-être voulait-il simplement vérifier que la dose de somnifère agirait bien sur moi, sur mon métabolisme. Peut-être était-ce là la première étape de son plan…

— Très bien, mais s'il avait mis un médicament hypnotique dans le vin, comme vous l'affirmez si catégoriquement, pourquoi n'en a-t-il pas subi les effets ? Il a bien bu avec vous, non ?

— Oui. Je ne me l'explique pas. Peut-être avait-il mis le somnifère dans mon verre et non dans la bouteille.

— Monsieur Puértolas, vous changez votre version à chaque seconde, selon ce qui vous arrange. Vous nous avez dit avoir commencé à vous sentir mal lorsque vous avez réalisé que la bouteille de vin qu'il avait apportée si gentiment pouvait contenir du poison… Maintenant, c'est dans le verre que le poison se trouvait. En fait, vous n'en savez stric-te-ment rien. Je vais vous dire, moi : si ce monsieur vous a apporté une bouteille de vin, si ce monsieur vous a allongé sur le divan, si ce monsieur a lavé les verres puis a jugé bon de rentrer chez lui pour vous laisser vous reposer, c'est tout simplement que c'est quelqu'un de bien élevé ! Et pas un assassin ! Un homme bien, monsieur Puértolas ! M. Dupont de Ligonnès est UN HOMME BIEN !

— Un homme bien qui a tué toute sa famille et a enterré les cadavres sous une chape de ciment ! s'offusque mon avocat.

— Supposément, maître Fortin. Su-ppo-sé-ment. Un homme bien, disais-je donc, auquel votre client a ensuite donné quatre-vingt-quatorze coups de couteau à beurre en plein visage. Alors, il va falloir nous expliquer, monsieur Puértolas, comment vous en êtes arrivé à allumer cette friteuse avant de sauvagement l'assassiner !

Romain Puértolas
(La Bastide-de-Bousignac)

À 17 h 30 ce même jour, le jour où Ligonnès était rentré du Bricomarché et avait apporté une bouteille de vin, le jour où je m'étais senti mal et où il m'avait couché sur le divan, on frappa à ma porte. J'allai ouvrir, c'était Miguel, enfin lui, Xavier.

— *Jé* suis *venou* prendre les nouvelles, voisin !

— Je ne sais pas ce qui m'est arrivé tout à l'heure.

— *Jé* t'ai dit, tu ne serais pas le premier que *jé* vois assommé par *dé* l'alcool. Hier, on a pas mal *bou* de pastis. Et ce matin pas mal de vin.

— C'est vrai, je ne suis plus habitué à boire autant. Faut dire que depuis que je suis seul, je ne bois plus tellement.

— *Jé* suis content que tu ailles bien.

Il demeura un instant immobile, souriant, attendant quelque chose.

— Tu veux entrer ? demandai-je.

— Non, mais bon, comme tu *mé lé* proposes si gentiment !

Il se glissa dans mon salon et je refermai la porte.

— J'ai fait quelques recherches sur toi, me dit-il. Sur Internet. *Jé* ne savais pas *qué* tu étais un écrivain connu.

Je ne suis pas autant connu que toi, faillis-je dire.

— Cela fait un moment que j'ai pris mes distances avec le monde littéraire, expliquai-je. En me retirant ici, j'ai commencé à m'éloigner de la société des hommes. Je cherchais la tranquillité. Un retour à la nature. Je n'écris plus, je vis encore de mes droits d'auteur. Je ne donne plus d'interview. Je passe mon temps à lire.

— *Jé té* comprends. J'ai moi-même vécu un temps dans la nature. Jusqu'à ce qu'on *mé* pique mon camping-car, ajouta-t-il avec tristesse.

Il s'approcha de la bibliothèque, la scruta.

— Comme toi, *y'*aime les livres.

Je sautai sur la perche qu'il me tendait.

— Tu as lu *Glacé* ? demandai-je.

Je sortis des étagères la première édition, celle de janvier 2011, que m'avait dédicacée Bernard Minier. Il haussa un sourcil en un tic machinal qui n'échappa pas à ma vigilance. Il semblait avoir reconnu son compagnon de cavale. Le livre qu'il lisait le jour où il avait disparu du Formule 1.

— *Jé* crois bien, oui, répondit-il en haussant les épaules, comme pour ôter de l'importance à ce détail. *Jé* suis fan de thrillers et de polars. Et puis, on apprend tellement *des* choses dans ces bouquins…

Il sourit et me tendit de nouveau le livre.

— Le docteur s'appelle Xavier, dedans.

— Docteur Xavier ? Oui, *pét-être.*

— C'est marrant, non ?

— Quoi donc ?

— Xavier, comme…

— Comme ?

Il me dévisageait, les sourcils froncés.

— Eh bien, comme…

Je ne pus terminer ma phrase.

Je connaissais le roman par cœur, l'avais lu plusieurs fois pendant l'affaire Ligonnès, certain d'y trouver des pistes. Il y avait, je l'ai dit, l'Espagne, dès le premier chapitre. Puis à la page 136 : « C'est un tueur organisé. Ce n'est pas un tueur psychotique et délirant, comme certains pensionnaires de l'institut, mais un grand pervers psychopathe, un prédateur social particulièrement redoutable et intelligent. Il a été condamné pour le meurtre de sa femme. » Je m'étais demandé ce qu'avait pensé Ligonnès en lisant cette phrase. L'absence totale de culpabilité et d'affects. S'était-il senti concerné par l'étiquette « grand pervers psychopathe » ? Je crois que Ligonnès ne se voyait pas comme un grand pervers psychopathe, un malade, mais comme un être doué d'une grande intelligence qui avait assassiné toute sa famille parce qu'il considérait que c'était la seule solution de survie pour lui, un mécanisme de défense pour échapper au regard pesant de sa femme, à son jugement, aux dettes qui l'entraînaient au fond du puits. En gros, un homme ordinaire qui avait été contraint, à un moment de sa vie, de faire quelque chose d'extraordinairement horrible et irréversible. Je suis persuadé que nous sommes tous des assassins en puissance, il suffit d'une simple circonstance pour le devenir.

— Ça *mé* fait quelque chose d'être chez un écrivain célèbre, vraiment, me dit-il.

Je souris à mon tour.

— Je n'ai écrit que quelques modestes livres, dis-je en indiquant, d'un geste nonchalant, mes romans comprimés entre Proust, à gauche, et Manuel Puig, à droite.

Soudain, je sursautai, me figeai. Un vide entre deux livres trahissait l'absence de l'un d'eux. Je sus tout de suite lequel manquait. Le dernier, celui que j'avais écrit avant mon retrait du monde, le roman sur ma recherche de Xavier Dupont de Ligonnès.

Affaire Romain Puértolas
(Cour d'assises de Toulouse)

— J'ai fait comme si de rien n'était et je me suis éloigné du salon, prenant l'air le plus naturel dont j'étais capable, en direction de la cuisine. « J'ai apporté une bouteille d'eau minérale, a-t-il alors dit en me tendant la bouteille qu'il tenait dans la main gauche jusque-là. Tu aimes l'eau, n'est-ce pas ? Et ça te fera un petit break d'alcool. Je pensais que l'on pouvait peut-être dîner ensemble. — Oui, bien sûr, ai-je répondu. J'ai des entrecôtes au congélateur et je peux faire quelques frites. » Ligonnès m'a dit : « Génial. » Alors j'ai sorti deux morceaux de viande et les ai placés dans le micro-ondes en mode décongélation, puis j'ai allumé la friteuse, je l'ai remplie aux deux tiers d'huile d'olive et j'ai commencé à peler trois patates.

— Épargnez-nous les détails, proteste l'avocat général.

— J'aurais pourtant juré que c'était l'inverse que vous me demandiez depuis le début…

Romain Puértolas
(La Bastide-de-Bousignac)

Pendant que les pommes de terre cuisaient, Ligonnès, ou Miguel, me servit un peu d'eau minérale dans
un verre à pied. Je le bus, il me resservit. Je fis cuire
les entrecôtes. Je jetai un coup d'œil à ma montre.
Elle affichait 17 h 55. Je pensai aussitôt à la gendarmerie de Mirepoix qui allait bientôt fermer, et je fus
pris de panique. J'essayai tant bien que mal de dissimuler ma nervosité, concentré sur la poêle, tournant
le dos à Ligonnès.

— Je me souviens d'un jour de rentrée, dit Miguel,
je ne sais plus dans quelle classe, mais c'était en
sport, nous entrons sur le terrain, la plupart d'entre
nous viennent d'autres établissements, nous ne nous
connaissons pas. Le prof d'EPS arrive et commence
à faire l'appel à voix haute sans regarder une seule
fois sa liste. Il avait appris nos noms par cœur. Il
n'en manquait pas un seul. Nous sommes tous restés
bouche bée et le prof a gagné notre respect depuis
la première minute du cours. Il l'a perdu juste après
quand, après nous avoir donné pour instruction de

courir cinq kilomètres autour du lycée, il est monté sur une petite Vespa et nous a suivis tout du long…

J'allais lui demander pourquoi il me racontait cette histoire lorsqu'un détail attira soudain mon attention. Il y avait quelque chose de différent dans sa voix. Je mis trois secondes à l'identifier. Il avait perdu son accent espagnol et parlait dans un français impeccable. Je me tournai vers lui et sentis une douleur dans la nuque. D'abord une légère courbature puis la gêne s'intensifia.

— Tout cela pour te dire qu'il ne faut jamais se fier aux apparences, Romain…

— Ce lycée, il n'était pas à Barcelone, c'est ça ? demandai-je.

— Non, c'était à Versailles.

Un frisson me parcourut.

— J'ai lu ton livre, continua-t-il.

— Le *Fakir* ?

— Non, un autre, tu sais bien, celui qui manque dans ta bibliothèque, celui sur moi. Je l'ai lu pendant que tu faisais ton petit somme cet après-midi. Et puis j'ai un peu fouillé ta maison, tes affaires…

— Tu es Xavier de Ligonnès, assénai-je.

Il sourit.

— Je l'ai été, oui, disons, dans une autre vie. Depuis plus de dix ans, je suis Miguel. Tu sais, je pensais vraiment qu'ici personne ne m'emmerderait. Je suis tombé sur cette baraque paumée au fond de l'Ariège alors que je cherchais une planque. J'ai eu un accident de voiture à Carcassonne, il y a quelques semaines, vraiment pas de bol. Et j'ai pensé qu'on ne retrouverait pas ma bagnole ici. Et voilà que j'apprends que mon voisin est non seulement un ancien flic, mais qu'il a consacré une partie de sa vie à enquêter sur moi. Quelle déconvenue.

Mes tempes bourdonnèrent.

— Qu'est-ce que tu as foutu dans cette eau ?

— La même chose que dans le vin, Romain.

Ma main chercha une arme sur le plan de travail et ne trouva que ce couteau à beurre que j'avais utilisé le matin même pour manger quelques radis.

— Ton livre est bon. Ton enquête aussi. Évidemment, je ne suis pas au Texas, avec Mindy, puisque tu le vois, je suis à La Bastide-de-Bousignac, avec toi. Elle a refait sa vie. Et puis traire les chèvres et faire du fromage, ça va bien cinq minutes. Au bout de trois ans, je pense que j'aurais eu envie de rénover sa terrasse de jardin, à elle aussi. Mais bon, tuer deux clebs, ça va, mais tuer trente-cinq chèvres et les foutre dans des sacs-poubelle, non merci ! Je suis pas la Croix-Rouge. Mais tu es un excellent policier, dommage que tu ne sois plus qu'écrivain maintenant... Tu avais raison sur tout le reste. Sauf que le camping-car n'était pas beige mais blanc...

Profitant de mes dernières forces, et avant que le somnifère ne fasse effet, je m'élançai sur lui avec l'arme que je tenais en main. Un satané couteau à beurre.

Affaire Romain Puértolas
(Cour d'assises de Toulouse)

— Vous voyez ! s'exclame l'avocat général. C'est bien ce que je vous dis depuis le début. Il n'y a pas de légitime défense puisque M. de Ligonnès ne l'a même pas attaqué !

— Il avait quand même drogué mon client et s'apprêtait à le tuer ! s'insurge mon avocat.

— Pures spéculations !

— Spéculations ?

— Les analyses toxicologiques n'ont rien donné ! On n'a retrouvé aucune trace de somnifère dans le corps de M. Puértolas !

— Répétez cela !

— ON N'A TROUVÉ AUCUNE TRACE DE SOMNIFÈRE DANS LE CORPS DE M. PUÉRTOLAS !

— Pas la peine de crier, monsieur l'avocat général. C'est tout de même étonnant. Pas de traces de somnifère…

— Par contre, on a retrouvé des traces de somnifère dans le corps de M. de Ligonnès durant son autopsie.

Ce qui implique donc que c'est votre client qui avait l'intention de tuer, et non M. de Ligonnès.

— Qu'est-ce que vous me chantez là ? demande le président, fronçant les sourcils.

— Je n'avais pas en ma possession cette information. Et que dites-vous du trou que la gendarmerie a découvert dans le jardin ! Un trou fraîchement creusé. Que M. de Ligonnès avait creusé l'après-midi même avec une pelle achetée à Bricomarché, vraisemblablement dans le but d'y enterrer mon client ! Pures spéculations également ?

— Vous m'ôtez les mots de la bouche ! Depuis quand les trous ne servent-ils qu'à enterrer des êtres humains ?

— Depuis que le monde est infesté de psychopathes, peut-être ? Quelle mauvaise foi !

— Moi ?

— Oui, vous !

— Et puis, qui nous dit que ce n'est pas M. Puértolas, ici présent, qui a creusé son trou ! Depuis tout à l'heure, il travestit la vérité.

— Encore de la mauvaise foi !

— C'est un comble !

— Un peu de calme, messieurs ! rappelle à l'ordre le président. Monsieur Puértolas, reprenez.

— Ligonnès a réussi à me plonger le visage dans la friteuse, c'était horrible. Alors j'ai commencé à frapper fort, n'importe où. Quand j'ai senti que mon couteau à beurre avait pénétré quelque chose de mou, j'ai continué avec plus de rage. Le somnifère était en train de faire effet et il ne me restait que quelques minutes avant que je sois dans l'incapacité de me défendre. Il me fallait le tuer avant qu'il me tue. C'était lui ou moi. N'est-ce pas cela, la légitime défense ? Quand il n'y a plus de choix possible ? Quand c'est l'autre ou soi-même ? Il est alors tombé à terre. Dans sa chute, il m'a entraîné, et j'ai fait tomber la friteuse, qui m'a brûlé les mains et les siennes aussi. J'ai lâché le couteau à beurre. J'ai attendu. Je ne voyais plus rien. Au bout d'un moment, au silence qu'il y avait dans la cuisine, j'ai compris que je l'avais tué. Je me suis précipité dans la douche, j'ai mis de l'eau froide pour contrer cette brûlure insupportable qui dévorait mon visage et mes mains. Ensuite, j'ai appelé la gendarmerie de Mirepoix…

— Pas trop tôt ! dit l'avocat général.

La Bastide-de-Bousignac
(vendredi 26 mai 2023)

C'est un stagiaire de vingt-cinq ans de la gendarmerie de Mirepoix qui décrocha le téléphone.

— Il est 18 heures, on ferme, si c'est pour une urgence, il faudra…

— J'ai tué Xavier Dupont de Ligonnès.

— Pardon ?

— J'ai tué Xavier Dupont de Ligonnès.

— Josiane, il y a un monsieur qui dit avoir tué… Vous pouvez répéter le nom, monsieur ? Allô ? Monsieur ?

— …

Avec le numéro, les gendarmes retrouvèrent rapidement l'identité et l'adresse de la personne qui venait d'appeler, un certain Romain Puértolas, résidant à La Bastide-de-Bousignac, et s'y rendirent sur-le-champ, malgré l'heure et le match de rugby Castres-Châteauroux qui allait commencer.

Tout ce beau monde mit un peu plus de temps pour trouver la maison, perdue dans le bois au bout d'un chemin de plusieurs kilomètres qui longeait la rivière. Là, ils découvrirent une scène de crime des plus horribles. Deux hommes et une friteuse sur le sol de la cuisine. L'un défiguré par une multitude de plaies ensanglantées, l'autre le visage et les mains écarlates, boursouflées d'ampoules crevées.

Ce dernier ouvrit les yeux, enfin, ce qu'il en restait.

— C'est moi qui vous ai appelé, je suis Romain Puértolas, j'ai tué Xavier Dupont de Ligonnès, dit-il en soupirant, soulagé d'être enfin secouru, et il expliqua brièvement ce qui s'était passé.

Le voisin en peignoir, les verres de Ricard la veille, son intime conviction d'avoir affaire au fugitif de la tuerie de Nantes. L'histoire était crédible, la taille correspondait. Josiane, Patrick et Philippe, les trois gendarmes de Mirepoix, prévinrent aussitôt le procureur de Foix. Celui-ci, quelque peu sceptique, ou prudent, préféra se déplacer lui-même, au risque de rater le match de son équipe préférée (Castres). Il voulait constater par lui-même ce qu'il en était avant de déranger la PJ de Nantes qui s'occupait du dossier Xavier Dupont de Ligonnès. On lui indiqua alors un chemin pour arriver jusqu'aux deux maisons en voiture. Au passage, l'Audi rouge éveilla sa curiosité et il demanda qu'on passe la plaque dans les fichiers. Il s'agissait bien de celle qui avait fauché une malheureuse à Carcassonne au début du mois. Deux affaires résolues d'un seul coup. Il s'en frotta les mains de joie.

Une fois sur les lieux, le procureur appela le juge d'instruction en charge de l'affaire Ligonnès, qui saisit aussitôt la PJ de Toulouse au détriment de celle de

Nantes. Le temps qu'elle se déplace, les gendarmes gardèrent la scène de crime en état, contrariés de faire des heures supplémentaires et de devoir regarder le match de rugby sur leur téléphone portable (Castres menait 3 à 0).

Un médecin arriva. Il s'occupa du grand brûlé, que l'on ne déplaça pas de la cuisine. Il commença par découper le col de son tee-shirt pour voir jusqu'où s'étendaient les brûlures mais elles se limitaient au visage, au cou et aux mains. Il l'assit sur une chaise et lui fit une prise de sang avant de lui donner les premiers soins. Puis il sortit pour téléphoner aux services hospitaliers compétents et se procurer du tulle gras.

L'identité judiciaire de Toulouse arriva une heure après.

La technicienne, fascinée, regarda l'homme qui gisait sur les dalles noires et blanches de la cuisine, comme un roi renversé sur un échiquier. Elle s'agenouilla auprès de lui et examina les doigts du cadavre. Après un court instant, elle constata que les pulpes étaient trop brûlées pour que l'on puisse relever ses empreintes digitales. Sous les yeux du grand brûlé, qui la regardait sans rien dire, elle sortit un écouvillon de sa mallette, qu'elle frotta contre la paroi intérieure gauche de la joue du mort, puis elle le glissa dans un tube de verre. Elle écrivit quelque chose sur une étiquette qu'elle colla sur le tube et le fourra dans sa trousse, qui était remplie d'écouvillons vierges. Puis elle se leva, retira ses gants de chirurgien et, voyant que l'évier de la cuisine était encombré, elle demanda où elle pouvait se laver les mains. Comme s'il était chez lui, Patrick, un des gendarmes, le nez rivé sur l'écran de son téléphone pour ne rien rater de la transformation de l'essai de Castres, lui indiqua la salle de bains. La technicienne disparut dans cette direction.

Quelques minutes plus tard, le médecin revint avec du tulle gras, qu'on avait tardé à lui trouver (Castres menait 10 à 3), et commença à recouvrir méticuleusement les plaies du blessé. La technicienne de l'identité judiciaire réapparut elle aussi dans la cuisine, referma sa trousse et se releva au moment où un homme d'une quarantaine d'années muni d'un brassard de police orange fluorescent passé sur une veste bon marché entrait dans la cuisine.

— C'est bon ? lui demanda-t-il.

— J'ai son ADN, j'envoie ça tout de suite à Écully.

— Tu demandes une comparaison directe avec l'ADN de Ligonnès. Ça prendra moins de temps.

— OK.

Le policier se tourna vers l'homme assis sur sa chaise, et sur lequel on était en train d'appliquer des morceaux de tulle gras comme sur une momie.

— Bonjour, monsieur, je suis le capitaine Sébastien Labadie, de la police judiciaire de Toulouse, vous êtes Romain Puértolas ?

— Oui.

— J'ai lu le *Fakir*, dit-il en souriant. Qu'est-ce que j'ai rigolé !

Le brûlé hocha la tête, reconnaissant, alors que le médecin finissait de lui recouvrir le visage.

— Alors, c'est vrai ce qu'on dit ? Vous avez tué Ligonnès ?

Il y avait une lueur d'admiration dans ses yeux.

— Et moi qui croyais qu'il s'était suicidé dans les montagnes de Roquebrune…

— Moi aussi, dit le docteur.

— Vous n'avez pas lu mon livre, dit l'enturbanné. Dans *Comment j'ai retrouvé Xavier Dupont de Ligonnès*, j'explique pourquoi la thèse du suicide n'est pas tenable.

— Eh bien, je l'achèterai, dit le policier.

— Pour quoi faire ? Vous voyez bien qu'il s'est pas suicidé dans le Var ! s'exclama le médecin avec un mouvement de menton en direction du mort qui gisait par terre.

Et le policier éclata de rire puis s'esclaffa :

— C'est vrai, que je suis bête !

À ce moment-là, un cri assourdissant retentit dans la maison. L'officier de la PJ reprit son sérieux et se tourna vers un gardien de la paix qui se précipitait vers lui, l'air affolé.

— Qu'est-ce qui se passe ? demanda Sébastien Labadie, soucieux.

— C'est Châteauroux, capitaine, ils viennent de marquer !

Affaire Romain Puértolas
(Cour d'assises de Toulouse)

— À la question « M. Romain Puértolas est-il coupable d'homicide volontaire sur la personne de M. Xavier Dupont de Ligonnès ? », les jurés ont répondu « Non ». Attendu que M. de Ligonnès a drogué son voisin et a creusé un trou pour l'y enterrer par la suite ; attendu qu'il ne fait nul doute que M. de Ligonnès s'apprêtait à assassiner son voisin qui l'avait reconnu ; attendu que la réaction de M. Puértolas avec un couteau à beurre a été immédiate, nécessaire à la protection de sa vie et proportionnelle à la gravité de l'attaque, toutes les conditions de la légitime défense sont réunies et la responsabilité pénale de M. Puértolas n'est pas engagée et disparaît *de facto*. Il est donc libre…

Des cris de victoire s'élèvent dans l'assistance. Le président martèle son bureau qui menace de s'écrouler sous les coups.

— L'audience est levée !

Romain Puértolas
(La Bastide-de-Bousignac)

La première chose que je fis en rentrant à la maison fut de me servir un Ricard. Quelle histoire, pensai-je. Mais j'étais bien content que tout cela soit terminé. Je souris, ce qui tendit la peau de mes joues et m'arracha un petit cri de douleur. Il me faudrait subir des soins pendant quelques mois, et puis les plaies guériraient. Mon visage demeurerait méconnaissable à jamais, ce qui en soi n'était pas une mauvaise chose, bien au contraire.

La vérité, c'était que ce sombre crétin s'était endormi devant ses entrecôtes et ses frites alors que je lui racontais des trucs sans intérêt. La police n'avait pas trouvé de somnifère dans mon sang, tu m'étonnes, il était dans celui de Puértolas, comme l'avait fait remarquer l'avocat général. Je me revis lui planter le couteau à beurre dans les yeux, les joues, le nez. Quatre-vingt-quatorze fois ? Vraiment ? Tant que ça ? J'avais dû y mettre le paquet pour qu'il devienne méconnaissable. Ensuite, je m'étais plongé le visage dans la friteuse, puis les mains. Un passage douloureux mais obligé pour parfaire mon plan. Pour qu'on ne me reconnaisse pas.

Lorsque le médecin et la policière avaient disparu quelques minutes, me laissant sous l'extrême vigilance d'un gendarme plus intéressé par le match de rugby que par moi (pour ceux que cela intéresse, Castres a gagné 29 à 16), je m'étais emparé d'un écouvillon vierge trouvé dans la trousse demeurée ouverte, l'avais frotté sur la paroi intérieure de mes joues et l'avais enfermé dans un tube de verre. Minutieusement, malgré mes mains brûlées, j'avais décollé l'étiquette de l'autre et l'avais collée sur celui-ci. Puis j'avais fourré l'échantillon d'ADN de Romain Puértolas dans la poche de mon pantalon, *in extremis*, à l'instant précis où le médecin revenait avec son tulle gras et ses pansements.

Comme prévu, les tests génétiques avaient confirmé que l'homme retrouvé mort dans la cuisine était Xavier Dupont de Ligonnès. Ils n'avaient même pas pris les empreintes sur le couteau à beurre. S'ils l'avaient fait, ils auraient retrouvé les miennes, enfin, les miennes, ce qu'il en restait après que je m'étais abrasé la pulpe des doigts en 2016, alors que c'est l'écrivain qui était censé l'avoir utilisé. Il y aurait eu comme un petit court-circuit dans leurs cerveaux de flics. Ils n'auraient rien compris.

Finalement, j'avais obtenu plus que ce que j'avais escompté. Je m'étais débarrassé du voisin, et aux yeux du monde Xavier Dupont de Ligonnès était définitivement mort. Enfin ! Ils ne me chercheraient plus jamais. Ils avaient un cadavre. J'allais pouvoir profiter de la vie tranquille et aisée d'un romancier. J'avais même rajeuni de plus de dix ans puisque ma carte d'identité stipulait que j'avais à présent quarante-huit ans.

Je déambulai un instant dans le salon, les yeux rivés sur l'immense bibliothèque. Il me faudrait lire tous ces bouquins que j'étais censé avoir écrits. *L'extraordinaire voyage du fakir qui était resté coincé dans une armoire Ikea*, *La petite fille qui avait avalé un nuage grand comme la tour Eiffel*, où était-il allé pêcher tous ces titres ? Où étais-je allé pêcher tous ces titres, me corrigeai-je aussitôt. Il me suffirait de lire quelques articles sur Internet, voire une ou deux interviews, pour le savoir. Il me faudrait mémoriser cette nouvelle identité. Apprendre à être Romain Puértolas. Tiens, ce n'était pas un mauvais titre. *Apprendre à être Romain Puértolas*. Peut-être essayerais-je d'écrire un bouquin moi aussi, et me lancerais-je dans ma troisième vie… Pourquoi pas ? J'avais désormais tout le temps du monde.

Du même auteur :

L'extraordinaire voyage du fakir qui était resté coincé dans une armoire Ikea, Le Dilettante, 2013 ; Le Livre de Poche, 2015.

La petite fille qui avait avalé un nuage grand comme la tour Eiffel, Le Dilettante, 2015 ; Le Livre de Poche, 2016.

Re-vive l'empereur !, Le Dilettante, 2015 ; Le Livre de Poche, 2017.

Tout un été sans Facebook, Le Dilettante, 2017 ; Le Livre de Poche, 2019.

Un détective très, très, très spécial, La Joie de lire, 2017 ; Le Livre de Poche Jeunesse, 2019.

Les Nouvelles Aventures du fakir au pays d'Ikea, Le Dilettante, 2018 ; Le Livre de Poche, 2021.

La Police des fleurs, des arbres et des forêts, Albin Michel, 2019 ; Le Livre de Poche, 2020.

Sous le parapluie d'Adélaïde, Albin Michel, 2020 ;
Le Livre de Poche, 2022.

Les Ravissantes, Albin Michel, 2022 ; Le Livre de
Poche, 2024.

Retrouvez l'auteur sur Instagram :
@romainpuertolasofficiel

ROMAIN PUÉRTOLAS
EST AU LIVRE DE POCHE

Le nouveau « roman-quête »
de Romain Puértolas :
une histoire aussi sérieuse qu'ubuesque.

« MON ENQUÊTE FOLLE (MAIS VRAIE)
SUR LES TRACES DU DICTATEUR. »

Romain Puértolas
Ma vie sans
moustache

Albin Michel

NOUVEAUTÉ

■ ALBIN MICHEL

Découvrez les premières pages
du nouveau roman de Romain Puértolas,
à paraître aux Éditions Albin Michel :

Ma vie sans moustache

« Si vous jouez au poker et que vous ne voyez aucun pigeon autour de la table, c'est que c'est vous, le pigeon ! »

Arturo PÉREZ-REVERTE

« Tout ce qui est écrit dans ce livre est vrai.
Je le jure sur la tête d'Adolf Hitler… »

Romain PUÉRTOLAS

PREMIÈRE PARTIE

PATAGONIA
(Patagonie)

1

Rasez sa moustache à Hitler et il n'en reste rien.
Envolé, le Hitler.
Voilà la conclusion à laquelle je parviens après vingt bonnes minutes à batailler sur Photoshop pour effacer la célèbre pilosité du chancelier allemand sur une photo d'époque sans altérer les contours de sa bouche et de son nez.
Rien.
Rien du tout.
Et je défie qui que ce soit de le reconnaître sans elle.
Hitler est méconnaissable.
Tel Charlie Chaplin sans moustache ni chapeau.
Tel Xavier Dupont de Ligonnès sans cheveux ni lunettes.

Tel Magnum sans moustache ni chemise à fleurs.

Bon, j'arrête là, vous avez compris.

Pour Magnum, c'est stupéfiant, soit dit en passant. Je viens de regarder sur Internet (pour chaque phrase écrite, je passe une demi-heure sur le Net, pas très rentable cette affaire...) quelques photos de Tom Selleck rasé de près et c'est une autre personne. Je pourrais le croiser dans les rues de Los Angeles, il ne me viendrait jamais à l'idée de l'arrêter pour un autographe. Je considère pourtant que je suis une personne très physionomiste. Et *Magnum* était l'une de mes séries préférées. J'ai vu les cent soixante-deux épisodes.

Je comprends maintenant pourquoi personne ne reconnaissait Clark Kent lorsqu'il ôtait ses lunettes pour devenir Superman ou Don Diego de la Vega quand il revêtait son masque noir et se transformait en Zorro.

Tout ça pour dire que je commence à la croire, cette brave dame qui m'a avoué ne pas avoir reconnu Adolf Hitler lorsqu'on le lui a présenté.

Un Hitler sans moustache.

Comme monsieur Tout-le-monde.

Un Hitler qui portait le nom de Bruno Kirchner.

C'était en Argentine.

En décembre 1945.

Huit mois après son suicide supposé...

2

Oui, vous avez bien lu.

Son suicide supposé.

En réalité, il n'existe aucune preuve formelle qu'Adolf Hitler se soit suicidé le 30 avril 1945 dans son bunker de Berlin, comme les manuels d'histoire nous l'ont appris.

Je n'ai jamais mis en doute cette version. Disons que je suis quelquefois très bon public, je n'ai pas cherché à en savoir plus, Hitler était le cadet de mes soucis, voyez-vous. Mais voilà qu'à quarante ans, j'apprends qu'il n'existe en réalité aucune preuve définitive de ce fait historique... Imaginez ma surprise, ma sidération.

Ce point précis de l'histoire de la Seconde Guerre mondiale vaut tout de même la peine que l'on s'y attarde quelques minutes.

Jusqu'en 2009, il y avait bien ce crâne que les services secrets soviétiques, le FSB (anciennement KGB, tout le progrès est dans le changement des deux premières lettres), conservaient dans une simple boîte à disquettes, à Moscou, dans le sinistre bâtiment de la Loubianka, et l'on pourrait légitimement se demander pourquoi c'étaient eux qui gardaient ces restes et non les Archives nationales allemandes. Bref, un crâne donc, retrouvé en mai 1945 dans des décombres près du bunker et attribué à Adolf Hitler à cause de l'impact de balle dans la tempe droite. Mais des chercheurs de l'Université du Connecticut (il faut toujours qu'ils viennent la ramener, ceux-là) ont affirmé qu'il appartenait en réalité à une femme, d'un âge compris entre vingt et quarante ans. Or, on est bien d'accord, aux dernières nouvelles, Hitler n'a jamais été une femme, ça se saurait. Et il venait de fêter ses cinquante-six ans.

J'ouvre une parenthèse – ceci n'est pas du ressort de ce livre –, mais qui était donc cette femme d'entre vingt et quarante ans qui s'est tiré une balle dans la tête ? Quelle avait été sa vie ? Il est raisonnable de penser qu'il s'agissait certainement d'une nazie ayant choisi une solution plus rapide et efficace (nous savons que les nazis étaient doués pour les solutions rapides et efficaces, comme une seconde nature chez eux) à la simple absorption d'une capsule de cyanure. À la fin de la guerre, on sait qu'un nombre important de partisans du régime se sont suicidés, soit par désillusion, soit, dans le cas des officiers nazis, pour ne pas être faits prisonniers par les Alliés. Il y a des dizaines de photos en noir et blanc sur Internet (hop, encore une demi-heure perdue devant l'écran) montrant des secrétaires affalées sur un divan, des hommes écroulés sur leur bureau ou sur le parquet (spéciale dédicace à Himmler), de vieilles dames étendues, bouche ouverte, sur les bancs d'un jardin public, comme assoupies, les jambes croisées, tête en arrière. Le 12 avril 1945, des membres des Jeunesses hitlériennes ont distribué du poison au cours d'un concert à la Philharmonie de Berlin. Du 30 avril au 5 mai 1945, des familles entières se sont donné la mort, de diverses manières, dans la petite ville de Demmin. L'Allemagne déchue est devenue pendant plus d'un mois un véritable cimetière à ciel ouvert. Le théâtre de l'un des plus grands suicides collectifs de l'Histoire, le saviez-vous ? À côté, Waco, l'ordre du Temple solaire, Jonestown sont de la roupie de sansonnet. Et au milieu de tout ce chaos – telle Lucy, une australopithèque lambda d'il y a 3,18 millions d'années découverte sur les bords d'une rivière éthiopienne et devenue célèbre par la grâce de la science et des médias –, cette femme d'entre vingt et quarante ans, appelons-la Greta, qui se tire une balle dans la tempe droite et dont, pendant plus de soixante ans, on prendra le crâne pour celui d'Adolf Hitler ! Lequel finira dans une boîte à disquettes...

Mais je m'emballe, fermons la parenthèse, revenons à nos preuves.

Enfin, à nos « non-preuves ».

Les Russes possèdent également, cette fois-ci dans une boîte à cigares, un morceau de mâchoire appartenant supposément à Hitler et « incontestablement » identifié par, je vous le donne en mille, le dentiste du Fürher *himself*, le professeur Hugo Blaschke, mais aussi par son assistante, Käthe Heusermann, et par son prothésiste, Fritz Echtmann – c'est-à-dire toute la crème de la crème odontologique nazie.

La seule preuve tangible dont nous disposions pour affirmer la mort d'Hitler est donc (roulement de tambour) le témoignage de trois nazis (coup de cymbale) ! Trois nazis qui, à mon humble avis, auraient pu, si on y réfléchit deux secondes avec un peu d'imagination, avoir un petit, mais alors un tout petit, intérêt à mentir pour couvrir la fuite de leur mentor, si tant est qu'il se soit enfui. Le témoignage de trois nazis ? Autant dire des clopinettes.

Le Livre de Poche s'engage pour
l'environnement en réduisant
l'empreinte carbone de ses livres.
Celle de cet exemplaire est de :
150 g éq. CO₂
Rendez-vous sur
www.livredepoche-durable.fr

PAPIER CERTIFIÉ

Composition réalisée par PCA

Achevé d'imprimer en avril 2025 en France par
MAURY IMPRIMEUR – 45300 Manchecourt
Nº d'impression : 283954
Dépôt légal 1ʳᵉ publication : mai 2025
LIBRAIRIE GÉNÉRALE FRANÇAISE
21, rue du Montparnasse – 75298 Paris Cedex 06
marketing@livredepoche.com

25/0214/5